Anwendungsgebiet

und

rationelle Gestalt der Privatklage

von

Dr. jur. F. Thiersch,
Rechtsanwalt in Leipzig.

Von der Holtzendorff-Stiftung mit dem Preise gekrönte Arbeit.

Berlin 1901.
J. Guttentag, Verlagsbuchhandlung,
G. m. b. H.

Anwendungsgebiet und rationelle Gestalt der Privatklage.

Die Erkenntnis, daß das Verbrechen niemals ausschließlich die Rechtssphäre des von ihm unmittelbar Betroffenen verletze, sondern stets gleichzeitig gegen die staatliche Ordnung verstoße und damit das Staatswohl gefährde, ist längst Gemeingut aller Kulturstaaten Europas geworden. Ebenso ist der aus dieser Erkenntnis mit Notwendigkeit sich ergebende Grundsatz allgemein anerkannt, daß der Staat im Interesse der staatlichen Ordnung für Bestrafung eines jeden Verbrechers Sorge tragen und zu diesem Zwecke ein Organ schaffen muß, dessen Aufgabe es ist, den Schuldigen zu ermitteln, die Beweise seiner Schuld zu sammeln und ihn dem Strafrichter zuzuführen.

Dagegen sind die Ansichten, ob und inwieweit dem einzelnen Staatsbürger ein Einfluß auf das Strafverfahren zu gewähren sei, von jeher sehr verschieden gewesen. Noch heute stehen sich hier die extremsten Anschauungen gegenüber. Nach der einen darf keinem Staatsbürger, gleichviel ob er selbst durch das Verbrechen verletzt worden ist, oder nicht, das Recht verwehrt werden, den Thäter selbst vor Gericht anzuklagen. Nach der andern steht dieses Recht ausschließlich der Staatsbehörde zu und die Thätigkeit des Privaten hört an der Pforte der Staatsanwaltschaft auf. Zwischen diesen Ansichten stehen andere vermittelnd, welche entweder dem Privaten, sei es bei allen, sei es nur bei bestimmten Delikten, dann ein selbständiges Anklagerecht gewähren wollen, wenn die staatliche Behörde die Erhebung der Anklage verweigert, oder welche die Verfolgung einer Anzahl von Delikten überhaupt dem Staate entziehen und dem Ermessen des Privaten überlassen.

Im folgenden soll gezeigt werden, inwiefern diese Anschauungen in den Gesetzgebungen der hauptsächlichsten Kulturstaaten Europas prakttische Gestalt gewonnen haben. Hieran anschließend wird zu erörtern sein, in welchem Umfange ein selbständiges Anklagerecht des Privaten — die Privatklage — anzuerkennen und welche Gestalt ihr zu geben ist.

Frankreich.[1])

Eine Privatklage im eigentlichen Sinne giebt es in Frankreich nicht. Der Private hat in keinem Falle das Recht, selbst den Thäter vor Gericht anzuklagen und seine Bestrafung zu beantragen. Wohl aber hat er einige Befugnisse, deren Wirkungen denen einer Privatklage ähnlich sind. Er kann nämlich unter gewissen Voraussetzungen ohne Anrufen der Staatsanwaltschaft die öffentliche Verfolgung teils direkt, teils indirekt herbeiführen und dadurch die Bestrafung des Thäters veranlassen.

Um zu verstehen inwiefern ihm dies möglich ist, erscheint es notwendig, sich den regelmäßigen Gang des französischen Strafprozesses kurz zu vergegenwärtigen.

Auszugehen ist davon, daß ausschließlich der Staatsanwalt befugt ist, die öffentliche Anklage zu erheben. In Frankreich ist das Anklagemonopol der Staatsanwaltschaft so ausgeprägt, wie in keinem anderen Staate. Der Staatsanwalt hat die zur Vorbereitung der Anklage nötigen Ermittelungen persönlich anzustellen, wenn es sich um ein flagrant délit handelt, das mit einer entehrenden oder Leibesstrafe bedroht ist,[2]) oder dann, wenn ein Verbrechen oder Vergehen im Innern einer Wohnung begangen worden ist und er von dem Inhaber der Wohnung um die Vornahme von Ermittelungen ersucht wird.[3]) In allen anderen Fällen, in denen die Anstellung von Vorerörterungen überhaupt nötig ist,[4])

[1]) Benutzte Litteratur: Nourrisson: De la participation des Particuliers à la poursuite des crimes et des délits, Paris 1894; Schmidt: Staatsanwalt und Privatkläger, Leipzig 1891; Süß: Die Stellung der Parteien im modernen Strafprozeß, Wien 1898; Leloir: Code d'instruction criminelle, Paris 1898; Materialien zur deutschen Strafprozeßordnung.

Abkürzungen: C. i. = code d'instruction criminelle vom Jahr 1808.
C. p. = code pénal.

[2]) Es sind dies nach art. 7 c. p Todesstrafen, Zwangsarbeit für immer oder auf Zeit, Deportation, Zuchthaus.

[3]) art. 32, 46 c. i.

[4]) Die Fälle, in denen der Staatsanwalt sowohl wie der Verletzte ohne Vorermittelungen den Thäter direkt vor das Gericht laden kann (siehe unten).

muß er, gleichgültig auf welche Weise er Kenntnis von der strafbaren Handlung erhalten hat, die Sache dem Untersuchungsrichter (juge d'instruction) unterbreiten.[1])

Der Untersuchungsrichter steht im Falle eines flagrant délit dem Staatsanwalt insofern gleich, als auch er auf eigne Hand ohne zu irgendwelchen Mitteilungen verpflichtet oder an Anträge gebunden zu sein, die nötigen Erörterungen anzustellen befugt ist.[2]) Ob er in anderen Fällen ebenfalls aus eigener Initiative thätig werden kann oder von den Anträgen des Staatsanwalts abhängig ist, wird unten noch erörtert werden. Jedenfalls muß er von jeder Untersuchungshandlung, die er vornimmt, dem Staatsanwalt Mitteilung machen, um ihm Gelegenheit zu geben, seine Anträge zu stellen. Doch darf er auch ohne Antrag des Staatsanwalts einen Vorführungsbefehl erlassen oder eine Beschlagnahme verfügen.[3]) Über den Verlauf der Untersuchung hat er der aus mindestens drei Richtern bestehenden chambre du conseil, deren Mitglied er selber ist, Bericht zu erstatten. Diese Kammer hat nach Schluß der Voruntersuchung entweder das Verfahren einzustellen oder je nachdem ein Vergehen oder eine Übertretung vorliegt (délit oder contravention) die Sache vor das tribunal de police correctionelle oder das tribunal de simple police zu verweisen. Wenn ein Verbrechen (crime) in Frage steht, so hat auf ihre Veranlassung der Staatsanwalt (procureur) die Akten dem procureur général zuzuschicken, der dann bei der chambre d'accusation der cour d'appel die Versetzung des Beschuldigten in Anklagestand vor dem Schwurgericht (cour d'assises) herbeiführt.[4])

Wie der Staatsanwalt allein zur Erhebung der Anklage berechtigt ist, so hat er auch nach art. 22 c. i. die Pflicht wegen jeder strafbaren Handlung die zu seiner Kenntnis kommt, die Verfolgung einzuleiten. Diese Pflicht besteht allerdings nach der klaren Bestimmung in der instruction criminelle vom 8. März 1817 nur insoweit, als die Verfolgung im öffentlichen Interesse liegt.[5])

---

[1]) art. 47 c. i.

[2]) art. 59 c. i.

[3]) art. 61 c. i.

[4]) Zu vergleichen art. 127, 128, 129, 130, 133 c. i. und Gesetz vom 17. Juli 1856.

[5]) Vergl. auch den arrêt des Kassationshofes vom 8. Dezember 1826

Doch unterliegt die Annahme ob im einzelnen Fall ein öffentliches Interesse vorhanden sei, dem Ermessen des Staatsanwalts. Dieser kann jede Verfolgung mit der Motivierung, daß die Allgemeinheit kein Interesse an der Sache habe, ablehnen und den Verletzten auf den Weg der Civilklage verweisen. Gegen diesen Bescheid steht dem Verletzten, abgesehen von der Beschwerde an den vorgesetzten Beamten des Staatsanwalts, ein Rechtsmittel nicht zu. Hat der Staatsanwalt dagegen einmal die Klage erhoben, so darf er sie nicht zurückziehen, auch wenn sich die Parteien geeinigt haben.[1])

Diese Unabhängigkeit des Staatsanwalts bei Erhebung der Klage erleidet sowohl dem Gericht als auch dem Privaten gegenüber einige Einschränkungen.

Nach art. 11 des Gesetzes vom 28. April 1810 können die vereinigten Kammern des Apellhofes in bestimmten Fällen die Verfolgung eines Verbrechers auch gegen den Willen des Staatsanwalts beschließen; und nach art. 235 ff. c. i. hat die chambre d'accusation, zu deren Kenntnis eine Strafsache in der oben geschilderten Weise gelangt ist, das Recht, wenn es ihr notwendig erscheint, andere damit zusammenhängende Strafverfolgungen anzuordnen, mit deren Betreibung sie dann eines ihrer Mitglieder beauftragt.

Sodann ist bei einigen Vergehen der Staatsanwalt nur dann zur Erhebung der öffentlichen Klage befugt, wenn diese der Verletzte beantragt. Das ist der Fall insbesondere bei Ehebruch, Entführung, Jagdvergehen, contrefaçon industrielle, Verläumdung und Beleidignng von Privaten, Vergehen eines Franzosen im Auslande.[2]) Der Anzeige und bezw. der Ermächtigung bedarf es hauptsächlich bei Vergehen der Armeelieferanten[3]) und der Beleidigung von Staatsbeamten und Oberhäuptern fremder Staaten.[4]) Die Thätigkeit des Privaten ist mit Stellung des Antrages beendet. Das Verfahren nimmt seinen Lauf wie in den Fällen, in denen der Staatsanwalt von Amts wegen eingeschritten ist. Nur beim

wo es heißt: Le législateur n'a pas vouln, astreindre les officiers du ministère public à diriger des poursuites d'office et sans l'intervention des parties civilles sur toutes les plaintes même les plus légères et les plus insignifiantes.

[1]) art. 4 c. i.

[2]) art. 336, 357 c. p., Gesetz vom 5. Mai 1844 art. 26, Gesetz vom 5. Juli 1844 art. 45, Gesetz vom 27. Juni 1866 art. 5.

[3]) art. 433 c. p.

[4]) Gesetz vom 29. Juli 1881 art. 47.

Ehebruch findet eine Ausnahme insofern statt, als der Antrag bis zur Verkündung des Urteils zurückgezogen werden kann.

Hieraus ergiebt sich, daß der Private, indem er die Stellung des Antrages unterläßt, zwar in gewissen Fällen die Strafverfolgung verhindern kann, niemals aber berechtigt ist, selbst die öffentliche Klage zu erheben. Er hat vielmehr nur die action civile auf Ersatz des ihm durch die strafbare Handlung verursachten Schadens.

Diese action civile kann indessen nach art. 3 c. i. zur selben Zeit und vor denselben Richtern angebracht werden, wie die öffentliche Klage, ist aber dann dieser accessorisch und fällt weg, wenn eine strafbare Handlung nicht vorliegt, oder die öffentliche Klage für unstatthaft erachtet wird.

Trotzdem kann aber gerade durch Erhebung der action civile in gewissen Fällen die action publique entweder direkt oder indirekt in Bewegung gesetzt werden. Diese Fälle sind es, welche der Privatklage ähnlich sehen und häufig, aber ganz zu Unrecht, mit ihr verwechselt werden.

1. Bei einer Anzahl von Delikten hat der Verletzte das Recht der citation directe, d. h. er kann seiner Schädenansprüche wegen ohne vorherige Anrufung der Staatsanwaltschaft den Thäter und alle ihm durch die strafbare Handlung civilrechtlich verantwortlich gewordenen Personen direkt vor den Strafrichter laden.[1]) Es muß ihm jedoch ein Schaden durch die strafbare Handlung wirklich erwachsen sein. Das Recht, die Ergreifung von Maßregeln zur Verhütung künftig drohender Schaden zu fordern, hat er nicht.

Der Kreis der hier in Betracht kommenden Delikte ist auf den ersten Blick ziemlich groß, denn er umfaßt nach dem Wortlaute des Gesetzes alle Vergehen und Übertretungen.[2]) Thatsächlich scheiden jedoch die schwereren Vergehen, bei denen der Hauptverhandlung eine Voruntersuchung vorangehen muß, aus, da die

[1]) art. 145, 182 c. i.

[2]) art. 137, 179 c. i. Das französische Strafgesetz teilt, wie das deutsche, die strafbaren Handlungen in Übertretungen, Vergehen und Verbrechen ein (contraventions, délits, crimes) und versteht unter Übertretungen: die mit Gefängnis von 1—5 Tagen oder Geldstrafe von 1—15 fr., unter Vergehen: die mit höherer Geld- oder Gefängnisstrafe oder mit Entziehung bestimmter Bürgerrechte, und unter Verbrechen: die mit Zuchthaus, Deportation oder dem Tode bedrohten Delikte, art. 9, 464 c. p. Die für diese 3 Gattungen von Delikten zuständigen Gerichtshöfe sind das tribunal de simple police, das tribunal correctionel und die cour d'assises.

citation directe nicht vor den Untersuchungsrichter, sondern nur vor das erkennende Gericht erfolgen kann. Es bleiben daher für die citation directe nur die Übertretungen und die leichteren Vergehen übrig, bei denen eine Voruntersuchung nicht obligatorisch ist. Bei Verbrechen ist die citation directe nur dann zulässig, wenn es sich um Verläumdung handelt, die gegen Staatsbeamte, Geschworene oder Zeugen begangen ist.[1]) Andererseits ist die citation directe ausgeschlossen bei allen von einem Franzosen im Auslande begangenen strafbaren Handlungen und bei Vergehen, deren sich Justizbeamte oder die in art. 479 c. i. und die im Gesetz vom 20. April 1810 genannten Personen (Friedensrichter, Staatsanwalt 2c.) schuldig gemacht haben, vorausgesetzt, daß die Vergehen nicht zugleich eine Verletzung der Amtsbefugnisse dieser Personen enthalten. Im ersten Fall muß die Verfolgung durch die Staatsanwaltschaft betrieben werden, und dem Verletzten ist nur der Anschluß an das öffentliche Strafverfahren als partie civile gestattet.[2]) Im zweiten Falle ist nur der procureur général befugt, vor dem Apellhof die Anklage zu erheben. Streitig ist ob gegen öffentliche Beamte wegen Amtsvergehen die citation directe zulässig ist. Die herrschende Meinung geht auf Grund eines arrêt des Kassationshofes dahin, daß dies nicht der Fall sei.

Die citation directe wird auf Antrag des Verletzten durch einen Gerichtsdiener dem Beschuldigten zugestellt. Der Ladende muß seinen Wohnsitz am Orte des Gerichts nehmen. Er hat in der Ladung die dem Beschuldigten zur Last gelegte Handlung genau zu beschreiben.[3]) In der Hauptverhandlung kann er aber, wie erwähnt, niemals die Bestrafung des Beschuldigten fordern, sondern nur seine Ansprüche auf Schadenersatz geltend machen. Auch kann er gegen das erstinstanzliche Urteil nur seiner Schädenforderungen wegen Berufung einlegen.[4]) Der Antrag auf Bestrafung kann nur vom Staatsanwalt, der vom Tage der Hauptverhandlung benachrichtigt werden muß, gestellt werden.

Wie verhält es sich aber, wenn der ordnungsgemäß benachrichtigte Staatsanwalt der Verhandlung nicht beiwohnt, oder zwar erscheint, aber keine Anträge stellt? Kann in diesen Fällen das

---

[1]) Gesetz vom 29. Juli 1888 art. 47 §§ 3, 4.

[2]) Gesetz vom 27. Juni 1866 art. 5.

[3]) art. 183 c. i.

[4]) art. 202, Abs. 2 c. i.

Gericht eine Strafe aussprechen, oder muß es unter allen Umständen die Klage des Privaten abweisen, weil diese nur ein accessorium der öffentlichen Klage ist, eine solche aber überhaupt nicht vorliegt?

Diese Ansicht wird von Le Sellyer[1]) vertreten. Wäre sie richtig, dann müßte man allerdings denen recht geben, die das ganze Institut der citation directe für zwecklos halten; denn es würde dann ganz im Belieben des Staatsanwalts stehen, das dem Verletzten durch das Gesetz gegebene Recht, seinen Gegner unmittelbar vor den Strafrichter zu bringen, illusorisch zu machen. So vertritt denn auch Faustin-Hélie[2]) die Ansicht, die inzwischen die herrschende geworden ist, daß durch die citation directe, wenn diese auch nur zum Zwecke des Schadenersatzes geschehen könne, doch zugleich auch die öffentliche Klage in Bewegung gesetzt werde, daß infolgedessen auch deren Lauf weder durch den Staatsanwalt noch durch den Verletzten mehr gehemmt werden könne, und daß das Gericht sich in jedem Falle, gleichgültig, ob der Staatsanwalt Anträge stelle oder nicht, über die Bestrafung des Beschuldigten schlüssig machen müsse.

Es hat also faktisch die citation directe dieselbe Wirkung, wie die Privatklage. Denn wenn der Verletzte mit ihr die Bestrafung des Thäters auch nicht bezweckt, so veranlaßt er sie doch, und es kommt in der Wirkung auf dasselbe hinaus, ob der Thäter bestraft wird auf Grund eines auf seine Bestrafung gerichteten Antrages, oder weil von ihm Schadenersatz verlangt wird.

2. Wie erwähnt, kann der Verletzte sich wegen jeder strafbaren Handlung (Verbrechen, Vergehen, Übertretung) zur Verfolgung seiner Schadenersatzansprüche der öffentlichen Klage als Civilpartei anschließen. Durch diesen Anschluß wird er Gehülfe des Staatsanwalts, kann von den Akten Einsicht nehmen, Zeugen laden und die Anklage in jeder Weise unterstützen. Andererseits muß er bei Vergehen und Ubertretungen Vorschuß leisten und setzt sich, wenn die Klage abgewiesen wird, nicht nur einer Verurteilung zu Schadenersatz, sondern auch eventuell einer Bestrafung wegen Meineids

---

[1]) **Le Sellyer**, Traité de l'exercice et de l'instruction de l'action publique et de l'action civile, tome I No. 70.

[2]) **Faustin-Hélie**, Traité de l'instruction criminelle, tome I No. 518.

aus. Auch hat er in diesem Falle die Kosten des Verfahrens zu tragen.[1])

Die Anschlußerklärung hat vor dem Untersuchungsrichter zu erfolgen[2]) und kann in jedem Stadium des Prozesses bis zum Schlusse der Plaidoyers geschehen.[3]) Zurückgenommen kann sie nur binnen 24 Stunden und nur vor Fällung des Urteils werden.[4])

Wie nicht bestritten ist, kann aber die constitution de partie civile vor dem Untersuchungsrichter schon vor Erhebung der öffentlichen Klage erfolgen, und es entsteht die Frage, welche Wirkung übt diese vorzeitige Anschlußerklärung an eine erst künftig zu erhebende öffentliche Klage auf diese aus. Kann ihre Erhebung durch die constitution de partie civile indirekt erzwungen werden? Diese Frage hängt mit der anderen oben berührten, ob der Untersuchungsrichter, abgesehen vom Falle des flagrant délit, ohne Antrag des Staatsanwalts zur Betreibung der Strafverfolgung berechtigt sei, eng zusammen; denn wenn der Untersuchungsrichter diese Befugnis nicht hat, kann er auch dem Antrage des Privaten ohne Zustimmung des Staatsanwalts nicht stattgeben.

Es sind hier 3 Ansichten vertreten. Die erste spricht dem Untersuchungsrichter, den Fall des flagrant délit ausgenommen, das Recht unbedingt ab, aus eigener Initiative oder auf Veranlassung dritter die Strafverfolgung zu betreiben. Nach ihr hat das réquisitoire des Staatsanwalts die Bedeutung einer unerläßlichen Ermächtigung zur Verfolgung.[5]) Nach der zweiten Ansicht steht der Untersuchungsrichter, was die Einleitung der Strafverfolgung betrifft, dem Staatsanwalt völlig gleich.[6]) Die ihm nach art. 61 Abs. 1 und 70 c. i. obliegende Pflicht der communication hat nur den formalen Zweck, den Staatsanwalt schon vor der Einleitung der Untersuchung zu verständigen und ihn über deren Verlauf zu unterrichten, nicht aber die Bedeutung, für die Verfolgung

---

[1]) **art.** 136.

[2]) **art.** 63. Wenn der Verletzte da, wo es ihm gestattet ist, von der **citation directe** Gebrauch macht, so liegt darin die Erklärung, daß er sich der (künftigen) öffentlichen Klage anschließe.

[3]) **art.** 67.

[4]) **art.** 66.

[5]) **Mangin**: **Traité de l'action publique, tit. I No.** 31 **p.** 38.

[6]) **Carnot**: **De l'instruction criminelle, tome I p.** 295, 303—306; **Legraverend**: **Législation criminelle, tome I p.** 7; **Bourguignon**: **Jurisprudence des codes criminels, tome I p.** 166.

notwendige Anträge des Staatsanwalts beizuziehen. Nach dieser Ansicht würde der Untersuchungsrichter auf Grund jeder plainte des Verletzten, mag sie mit constitution de partie civile verbunden sein oder nicht, die Untersuchung einleiten können. Die dritte vermittelnde Ansicht, die zuerst von Faustin-Hélie vertreten ist und jetzt als die herrschende bezeichnet werden kann,[1]) giebt dem Untersuchungsrichter nur dann das Recht, ohne Antrag oder Zustimmung des Staatsanwalts die Verfolgung aufzunehmen, wenn der Verletzte bei ihm die plainte einreicht und zugleich seine constitution als partie civile erklärt. Dieser Ansicht hat sich Dalloz[2]) und mit Entschiedenheit auch Nourrisson[3]) angeschlossen. Sie argumentieren so: Dem Verletzten stehe nach art. 63 c. i. das Recht zu, direkt bei dem Untersuchungsrichter sich als Civilpartei zu konstituieren. Dieses Recht habe offenbar den Zweck, eine Verurteilung des Thäters zu Schadenersatz durch den Strafrichter herbeizuführen. Der Strafrichter sei aber nach art. 3 c. i. nur dann in der Lage, eine solche Verurteilung auszusprechen, wenn er gleichzeitig wegen derselben That eine Strafe verhängen könne. Dies setze jedoch die Erhebung der öffentlichen Klage voraus. Wollte man nun in den Fällen, in denen die constitution de partie civile vor Erhebung der öffentlichen Klage erfolgt sei, diese von der Initiative des Staatsanwalts abhängig machen, so würde es im Belieben des Staatsanwalts stehen, durch Unterdrückung der öffentlichen Klage das Recht des Verletzten, seiner Schädenansprüche wegen den Beschuldigten vor den Strafrichter zu bringen, zu vereiteln. Der Verletzte wäre dann in der gleichen Lage, als wenn eine von ihm bei der Staatsanwaltschaft eingereichte Strafanzeige zurückgewiesen worden wäre. Die vor der öffentlichen Klage bei dem Untersuchungsrichter eingereichte plainte, verbunden mit constitution civile, würde sich von der einfachen dénonciation bei dem Staatsanwalt nicht mehr unterscheiden. Das könne aber nicht der Sinn des Gesetzes sein. Die Bestimmung in art. 70 c. i.[4]) sei deshalb

[1]) Faustin-Hélie: Traité sur l'instruction criminelle, tome I No. 519 ff. p. 621; tome II p. 262 ff.

[2]) Dalloz 1881, tome II p. 33.

[3]) Nourrisson a. a. O. S. 104, 105. Hierzu vergleiche: Schmidt a. a. O. S. 216, Süß a. a. O. S. 107, 111.

[4]) Sie lautet: Le juge d'instruction compétent pour connaître de la plainte en ordonnera la communication au procureur impérial pour être par lui réquis ce qu'il appartiendra.

nicht als eine zwingende, sondern nur als eine Ordnungsvorschrift zu betrachten. Es müsse also der Untersuchungsrichter zwar von der constitution civile und den von ihm beabsichtigten oder vorgenommenen Amtshandlungen dem Staatsanwalt Mitteilung machen, brauche aber dessen Anträge nicht abzuwarten, sondern könne ganz nach seinem Ermessen die Untersuchung beginnen und durchführen. Gegen seine Beschlüsse habe sowohl der Staatsanwalt als der plaignant die Beschwerde an die Anklagekammer.

So kann denn allerdings nach der herrschenden Ansicht der Verletzte, indem er sich als Civilpartei konstituiert, indirekt die Erhebung der öffentlichen Klage herbeiführen. Selbstverständlich ist er in diesem Falle ebensowenig Privatkläger wie bei der citation directe.

In der Praxis wird es sich freilich sehr selten ereignen, daß eine Untersuchung gegen den Willen des Staatsanwalts geführt wird. Dazu ist die Stellung des Staatsanwalts dem Untersuchungsrichter gegenüber zu autoritativ. Und auch der Verletzte wird wohl meistens die Verfolgung aufgeben, wenn er sich vom Staatsanwalt im Stiche gelassen sieht.

Das Bild, das sich nach alledem über die Beteiligung des Privaten am Strafprozeß bietet, zeigt uns die Allgewalt des Staatsanwalts und die Machtlosigkeit des Privaten. Die Thätigkeit des Privaten beschränkt sich auf die Verfolgung seiner Schädenforderungen. Sein Recht, die Strafverfolgung in gewissen Fällen zu ergänzen, ist zwar anerkannt, der Fälle, in denen er von diesem Rechte Gebrauch machen kann, sind jedoch in der Praxis nur wenige.

Deshalb machen sich auch starke Strömungen für eine Erweiterung der Befugnisse des Privaten bemerkbar, die aber bis jetzt die gesetzliche Sanktion noch nicht haben erhalten können.[1])

Bereits in den Motiven zu dem Entwurfe einer neuen Strafprozeßordnung (1879) hieß es, daß der Untersuchungsrichter sich mit der Klage der partie civile befassen müsse und nur verpflichtet sei, der Staatsanwaltschaft vorher Mitteilung davon zu machen.[2]) Die

[1]) Vergl. Nourrisson S. 105 ff.

[2]) **Journal officiel** 1879 (**Exposé** der Motive zum Entwurf von 1879): **Il semble périlleux de promettre au procureur de la république de laisser une plainte sans suite, et plus l'objet de la plainte est grave, plus l'inaction du ministère public serait factieuse. Celle du juge sera impossible.**

Kommission des Senats verwarf diesen Vorschlag und verlangte im Gegenteil, daß die constitution civile nur vor dem procureur stattfinden dürfe. Bei der Beratung stellte sich die Mehrheit jedoch wieder auf den Standpunkt, daß die constitution zwar vor dem Untersuchungsrichter stattfinden, dieser aber ohne Anträge des Staatsanwalts nicht in Aktion treten dürfe. In der Sitzung des Senats vom 24. Juli 1882 brachte M. Batbie ein Amendement ein, wonach der Verletzte dann den Untersuchungsrichter unbedingt befassen dürfe, wenn er das Recht zur citation directe habe. Auch dieser Vorschlag wurde abgelehnt und es beschloß der Senat, indem er wieder den entgegengesetzten Standpunkt einnahm in der Sitzung vom 5. August 1882 folgenden Wortlaut des art. 44 c. i.:

Hors le cas de flagrant délit le juge d'instrution n'est saisi que par les réquisitoires du procureur de la République. Nachdem die Beratungen in den Jahren 1884 und 1885 zu einem Resultat nicht geführt hatten, wurde im Jahre 1889 von der Deputiertenkammer die ursprüngliche Regierungsvorlage wieder aufgenommen und dem Artikel folgende Fassung gegeben:

Le juge d'instruction est saisi soit par les réquisitoires du ministère public, soit par la plainte de la partie lésée. Cette plainte n'aura d'éffet, qu'autant que le ministère public en aura reçu communication du plaignant et que celui-ci aura déclaré se porter civile.

Bei diesem Beschlusse ist es bis jetzt geblieben. Die Projekte welche die Reform des ganzen Strafprozesses erstrebten, sind noch nicht Gesetz geworden, denn das Gesetz vom 8. Dezember 1897 (ayant pour l'object de modifier certaines régles de l'instruction préalable en matières des crimes et délits) hat nur verhältnismäßig wenige mit unserm Thema nicht zusammenhängende Übelstände beseitigt, die einer beschleunigten Regelung bedurften.

Italien.[1])

Der zur Zeit noch in Geltung befindliche codice di procedura penale vom Jahre 1865 hat nicht, wie man ursprünglich be-

[1]) Litteratur: Schmidt: Staatsanwalt und Privatkläger S. 145 ff.; Nourrisson: De la participation etc. S. 115; S. Mayer: Die Reformbestrebungen auf dem Gebiete des italienischen Strafprozesses in Goltdammers Archiv Bd. 29 Heft IV.

absichtigte, eine Reform des ganzen Strafprozesses gebracht, sondern sich auf eine allgemeine Revision des codice vom Jahre 1859 beschränkt. Dieser sowie die frühere Strafprozeßordnung vom Jahre 1847 beruhen auf der Grundlage des französischen code d'instruction criminelle. Daher kommt es, daß auch heute noch das italienische Strafverfahren dem französischen sehr ähnlich ist. Insbesondere entsprechen die Bestimmungen über die Beteiligung des Privaten am Strafverfahren in der Hauptsache ganz denen des französischen code.

Der Private kann die strafbare Handlung durch querela oder denuncia,[1]) je nachdem er durch sie verletzt ist oder nicht, dem Staatsanwalt anzeigen, er hat in bestimmten Fällen das Recht der citazione diretta und kann sich immer, wenn er durch die strafbare Handlung an seinem Vermögen geschädigt ist, der öffentlichen Klage als parte civile anschließen.

Die citazione diretta ist ebensowenig eine Privatklage wie die citation directe des französischen Rechts, sondern steht dem Verletzten nur zur Verfolgung seiner Schädenansprüche zu. Sie hat aber ebenfalls die Wirkung, daß durch sie der Staatsanwalt veranlaßt wird, in der Hauptverhandlung Antrag auf Bestrafung zu stellen und, wenn er dies unterläßt, der Strafrichter in der Lage ist, auch ohne Strafantrag neben der Verurteilung zu Schadenersatz eine Strafe zu verhängen. Dagegen ist sie anders wie in Frankreich nur bei den Antragsdelikten zulässig, die im Gegensatz zu den reati di azione publica, den von Amts wegen zu verfolgenden Delikten, reati di azione privata genannt werden[2]) die nur auf Antrag verfolgbaren Delikte sind: Entführung,[3]) Ehebruch,[4]) Verführung in gewissen Fällen,[5]) Verläumdung, Beleidigung,[6]) Verächtlichmachen von religiösen Gebräuchen,[7]) Bedrohung,[8]) Hausfriedensbruch,[9]) Verletzung von Geheimnissen,[10])

[1]) Entsprechend der französischen plainte und dénonciation.

[2]) art. 331, 371 c. pr. p.

[3]) art. 344 des codice penale vom 30. Juni 1889.

[4]) art. 356 c. p.

[5]) art. 331 ff. c. p.

[6]) art. 400 c. p.

[7]) art. 141 c. p.

[8]) art. 156 c. p.

[9]) art. 157 c. p.

[10]) art. 164 c. p.

Körperverletzung,[1]) Forstdiebstahl,[2]) widerrechtliche Besitzergreifung,[3]) Sachbeschädigung[4]). Bei diesen Delikten hat also der Antragsberechtigte die Wahl, entweder seiner Schädenansprüche wegen den Thäter unmittelbar vor den Strafrichter zu laden und dadurch zugleich seine Bestrafung zu veranlassen, oder durch Stellung des Strafantrags die Offizialverfolgung herbeizuführen und sich dem öffentlichen Verfahren als Civilpartei anzuschließen.

Das erkennende Gericht ist, je nachdem es sich um delitti oder contravenzioni handelt, das tribunale correzionale oder der pretore. Bei Verbrechen ist die direkte Ladung ausgeschlossen, weil jedes Verbrechen von Amts wegen verfolgt werden muß.

Der Anschluß als parte civile kann der zugleich in seinen Vermögensinteressen Verletzte bei jeder strafbaren Handlung erklären, auch wenn er vorher nicht querela erhoben hat.[5]) Dagegen erfolgt diese Anschlußerklärung nicht vor dem Untersuchungsrichter wie in Frankreich, sondern vor dem Staatsanwalt.[6]) Der Verletzte kann also nicht, wie es ihm in Frankreich wenigstens nach der herrschenden Ansicht gestattet ist, den Staatsanwalt indirekt zur Erhebung der Anklage zwingen, indem er sich als parte civile vor dem Untersuchungsrichter konstituiert, sondern er muß mit seiner Anschlußerklärung warten, bis der Staatsanwalt die Verfolgung in die Hand genommen hat. Durch die Anschlußerklärung wird jedoch der Untersuchungsrichter verpflichtet, seine Erörterungen auch auf die Höhe des Schadens und des zu leistenden Ersatzes auszudehnen.[7])

Belgien.[8])

In Belgien ist noch der französische code d'instruction von 1808 in Geltung, allerdings wesentlich modifiziert durch eine Reihe von Gesetzen, unter denen die von den Jahren 1852 und 1874

---

[1]) art. 372, 375 c. p.

[2]) art. 405 c. p.

[3]) art. 417, 420 c. p.

[4]) art. 424, 426—430 c. p.

[5]) art. 109, 110 c. pr. p.

[6]) Zu vergl. art. 98 und 104 c. pr. p.

[7]) Art. 84 c. pr. p.

[8]) Benutzte Litteratur: Nourrisson a. a. O. S. 113.; S. Mayer a. a. O. S. 22 ff.

als die wichtigsten bezeichnet werden müssen. Das Verhältnis des Privaten zum Strafprozeß, das hier allein in Betracht kommt, ist im belgischen Strafverfahren dasselbe wie im französischen. Der Verletzte hat bei Vergehen und Übertretungen mit denselben Beschränkungen wie in Frankreich das Recht der citation directe, er kann sich wegen jeder strafbaren Handlung, die ihm Vermögensnachteile verursacht hat, als partie civile dem öffentlichen Verfahren anschließen, und bei einer Reihe von Vergehen hängt die Möglichkeit der Offizialverfolgung von seinem Antrag ab.

Die Konstitution als partie civile erfolgt vor dem Untersuchungsrichter. Dieser ist nur zur Mitteilung darüber an den Staatsanwalt verpflichtet, kann aber dann die Untersuchung selbständig führen, ohne etwa Anträge des Staatsanwalts abwarten, oder wenn sie gestellt sind, ihnen Folge leisten zu müssen.

Niederlande.[1])

Auch dem niederländischen Rechte ist die Privatklage fremd. Es kennt zwar eine Reihe von Delikten, die nur auf „Klage" verfolgbar sind. Diese Klage hat aber mit der Privatklage nichts zu thun, sondern entspricht der französischen plainte und ist gleichbedeutend mit dem deutschen Antrag. Diese Delikte sind in der Hauptsache: Ehebruch,[2]) Beischlaf[3]) mit einem Mädchen zwischen 12 und 16 Jahren, Beleidigung in verschiedenen Formen,[4]) falsche Anschuldigung,[5]) Offenbarung von Geheimnissen,[6]) Entführung,[7]) Nötigung,[8]) Diebstahl und Feldfrevel, Erpressung, Unterschlagung, Betrug, Vereitelung der Zwangsvollstreckung, Sachbeschädigung begangen zwischen geschiedenen Ehegatten oder Verwandten in gerader

[1]) Zu vergl. von Liszt das Strafrecht der Staaten Europas S. 187 ff. Das niederländische Strafgesetzbuch vom 3. März 1881 abgedruckt in deutscher Übersetzung in Bd. I der Zeitschrift für die gesamte Strafrechtswissenschaft. Die niederländische Strafprozeßordnung vom 15. Januar 1886 abgeändert durch die Gesetze vom 15. April 1886, 4. Juli 1887, und 23. Juni 1889.

[2]) art. 241 Str.G.B.

[3]) art. 245.

[4]) art. 269 verbd. mit 261—266, 270, 271.

[5]) art. 268.

[6]) art. 272, 273.

[7]) art. 281.

[8]) art. 284.

Linie oder im zweiten Grade der Seitenlinie.[1]) Der Antrag ist an eine Präklusivfrist von 3 Monaten gebunden, die von dem Tage an läuft, an dem der Antragsberechtigte Kenntnis von der strafbaren Handlung erhalten hat, und kann nur binnen 8 Tagen, nachdem er gestellt ist, zurückgenommen werden.[2]) Er muß schriftlich oder mündlich zu Protokoll erklärt werden.[3])

Die Anklage geschieht stets durch die Staatsanwaltschaft.[4])

Die „beleidigte Partei" hat nur das Recht, vor dem Strafrichter ihre Schädenansprüche geltend zu machen, vorausgesetzt, daß diese nicht schon vor dem Civilgerichte erhoben sind und daß sie nicht den Betrag von 150 Gulden übersteigen. Wenn sie von diesem Recht Gebrauch machen will, muß sie dies in der Gerichtssitzung unmittelbar nach der Befragung des Angeklagten erklären.[5]) Sie darf durch ihren Anwalt nur solche Fragen an die Zeugen richten, welche die Höhe und den Beweis des Schadens betreffen, den sie erlitten.[6]) Auf die Strafverfolgung hat sie keinen Einfluß, gleicht also der partie civile des französischen Rechts, kann aber nicht wie diese indirekt die Einleitung der öffentlichen Klage veranlassen.

Eine indirekte Ladung des Beschuldigten vor den Strafrichter ist dem Verletzten in keinem Falle gestattet.

England.[7])

Ein ganz anderes Bild entrollt sich uns, wenn wir das englische Strafverfahren betrachten. Während in Frankreich, Italien und Belgien das Anklagemonopol des Staates vollständig durchgeführt und dem Privaten auf dem Gebiete des Strafprozesses nur

---

[1]) art. 316 Abs. 2 verb. mit art. 307—315, 319 verb. mit 317, 318; 324 verb. mit 321—323; 338 verb. mit 326—337; 348; 353 verb. mit 350—352.

[2]) art. 66, 67 Str.G.B.

[3]) art. 13 Str.P.O.

[4]) art. 2 Str.P.O.

[5]) art 202 Str.P.O.

[6]) art. 205 Str.P.O.

[7]) Benutzte Litteratur: Schmidt: Staatsanwalt und Privatkläger, S. 72ff. Nourrisson: de la participation etc.; Liepmann: das Vorverfahren im englischen Strafprozeß in der Zeitschrift für die gesamte Strafrechtswissenschaft Bd. VI. S. 413 ff. Materialien (Hahn) zur deutschen Strafprozeßordnung.

ein sehr geringer Spielraum gelassen ist, hat das Bestreben, nach kontinentalem Muster das Anklagerecht dem Privaten zu entziehen und in die Hände einer staatlichen Centralbehörde zu legen, in England bisher keinen nennenswerten Erfolg gehabt. Der Einfluß des Privaten auf Einleitung und Durchführung der Strafverfolgung ist auch jetzt noch erheblich. Er ist bekanntlich nicht durch eine einheitliche Strafprozeßordnung geregelt, wie es in England überhaupt eine Kodifikation des geltenden Rechtes nicht giebt, er beruht vielmehr in der Hauptsache auf Herkommen und nur in einzelnen Fällen auf speziellen Gesetzen.

Da eine genauere Darstellung desselben die Kenntnis der englischen Gerichtsverfassung voraussetzt, mag diese, sowie der regelmäßige Verlauf des Strafprozesses zunächst kurz skizziert werden.

Die Organe, welchen in England die Aburteilung des Verbrechers in der ersten Instanz obliegt, sind der Friedensrichter und die jury, die zur Unterscheidung von der Anklage- oder grand jury, die Urteilsjury genannt wird. Der Kompetenz des Friedensrichters unterstehen allein die Bagatelldelikte, während die Urteilsjury über alle anderen strafbaren Handlungen zu entscheiden hat.[1]) Diese werden ähnlich, wie man in Deutschland Verbrechen und Vergehen unterscheidet, in Felony und Misdemeanour eingeteilt. Die Urteilsjury tritt je nach der Schwere des einzelnen Falles entweder unter dem Vorsitz eines Richters des obersten Gerichtshofes, des High Court, zusammen, oder es erfolgt ihre Berufung durch den Friedensrichter.

Die Anklage wird bei der Urteilsjury in der Regel durch die grand jury erhoben,[2]) eine Körperschaft von Geschworenen, die in jeder Grafschaft unter dem Vorsitz eines Richters zusammentritt und die bei ihr eingegangenen Anträge auf Klageerhebung (bill of indictment) begutachtet. Zu diesem Zwecke hört sie aber weder den Beschuldigten noch die von diesem etwa vorgeschlagenen Entlastungszeugen, sondern vernimmt nur die Belastungszeugen und befindet danach ob die bill of indictment true bill oder no true bill ist.

---

[1]) Ausnahmsweise bildet bei politischen Verbrechen der Queens bench Gerichtshof die 1. Instanz.

[2]) Bei den zur Zuständigkeit des Friedensrichters gehörigen Bagatelldelikten wird die Anklage durch einen Polizeibeamten, einen friedensrichterlichen Beamten oder einen Privaten direkt vertreten.

Im ersten Falle reicht sie den nun zum indictment gewordenen Antrag als Anklageschrift bei der Urteilsjury ein. Auch ohne Antrag kann die grand jury Anklage erheben. Dann läßt sie durch einen Gerichtsbeamten eine Anklageschrift nach Art des indictment, die hier presentment genannt wird, aufsetzen und reicht diese bei dem erkennenden Gericht ein. Diese Fälle sind jedoch sehr selten, weil bei der Größe des Bezirks, in dem die jury zusammentritt, die Geschworenen, die den besten Gesellschaftsklassen angehören und meist beschäftigte Kaufleute sind, fast nie Zeugen einer in ihrem Bezirke begangenen Strafthat sind.

Wer ist berechtigt die bill of indictment bei der grand jury einzubringen und dadurch die Erhebung der Anklage zu veranlassen?

Die Antwort lautet: Im Prinzip jeder Staatsbürger, mag er durch das Verbrechen verletzt sein oder nicht. Dieses Recht ist ihm durch die Indictable offences procedure bill vom Jahre 1878 ausdrücklich gewährleistet worden. Wenn er von diesem Rechte Gebrauch machen will, so hat er das Belastungsmaterial selbst zusammenzubringen und muß dafür sorgen, daß seine Zeugen vor der grand jury erscheinen. Um einem Mißbrauch dieses Rechtes vorzubeugen, ist jedoch bestimmt, daß der Beschuldigte, wenn die Anklage sich als unbegründet herausstellt, von dem Ankläger nicht nur Schadenersatz fordern, sondern auch ihn wegen Meineids und Erpressungsversuchs verfolgen kann[1]) und daß der attorney general jederzeit auf Antrag des Beschuldigten befugt ist, das Verfahren durch ein nolle prosequi einzustellen. Da es sich herausgestellt hatte, daß diese Bestimmungen dem Beschuldigten noch nicht genügenden Schutz gegen die Erpressungsversuche gewährten, deren alleiniger Zweck häufig die direkt bei der grand jury eingereichten Klaganträge waren, zumal bei dieser Art der Anklage der Prosecutor nicht verpflichtet werden kann, die Anklage weiter zu betreiben, sondern sie jederzeit fallen zu lassen berechtigt ist, so wurde durch die Vexations Indictments Act vom Jahre 1859, die Debtors Act vom Jahre 1869 und die Newspaper Libel and Registration Act vom Jahre 1881 bestimmt, daß bei Meineid, Verschwörung zur Begehung einer ungesetzlichen Handlung (conspiracy), Halten eines Spielhauses oder öffentlichen Hauses, Betrug, Sittlichkeitsverbrechen und bei noch einigen anderen Vergehen gegen die Gesetze von 1869

---

[1]) St. 24, 25 Vict. c. 96 sect. 44, 46.

und 1881 der Einreichung der bill of indictment stets ein durch den Friedensrichter vorzunehmendes Ermittelungsverfahren vorausgehen müsse. Ohne diesen darf die bill of indictment nur dann unmittelbar der grand jury unterbreitet werden, wenn ein Richter des High Court oder der Kronanwalt (Solicitor oder Attorney General) seine Genehmigung dazu erteilt hat, oder wenn der Friedensrichter nach Schluß des Ermittelungsverfahrens die Einreichung der bill of indictment bei der grand jury verweigert und der Prosecutor sich feierlich verpflichtet, die Anklage in der späteren Hauptverhandlung zu vertreten (bound over to prosecute).

Es wird indessen hiervon sowie überhaupt von dem Recht der direkten Einreichung der bill of indictment bei der grand jury nur selten Gebrauch gemacht. Denn das Aufsuchen, Befragen und Beibringen der Zeugen, das Herbeischaffen der Beweismittel überhaupt ist meist mit so viel Schwierigkeiten, Zeitverlust und Kosten für den Privaten verknüpft, daß dieser es in den weitaus meisten Fällen vorzieht, die Hilfe des Friedensrichters in Anspruch zu nehmen.

Man kann sagen, daß heute in England diese Art des Strafverfahrens die regelmäßige ist und alle anderen Arten nur ausnahmsweise vorkommen.

Das friedensrichterliche Verfahren hat folgenden Verlauf. Der Friedensrichter erhält entweder von einem Privaten oder von der Polizei die Anzeige (charge oder information), daß ein Verbrechen oder Vergehen begangen sei. Es mag hier eingeschaltet werden, daß die Polizei zur Erstattung derartiger Anzeigen nicht verpflichtet ist. Sie thut es wohl in den meisten Fällen, aber, wie wir noch sehen werden, bei weitem nicht so oft, wie es das Interesse des Staates und des einzelnen erheischt. Der Friedensrichter leitet, nachdem er die Anzeige erhalten, die Untersuchung ein, vernimmt den Beschuldigten, hört die von diesem und dem Denuncianten benannten Zeugen ab und nimmt den Beschuldigten, wenn es ihm nötig scheint, in Haft. Nach Schluß der Untersuchung schickt er, wenn er der Ansicht ist, daß genügender Verdacht vorliegt, bei einem schweren Vergehen die Akten an einen Beamten des Court of Assize, der auf Grund der Akten die bill of indictment anzufertigen und als prosecutor bei der grand jury einzureichen hat. Bei leichteren Vergehen, die in den quarter sessions abgeurteilt werden, besorgt dies alles in seinem Auftrag einer seiner

Beamten (clerk of the Peace). Wenn die Denunciation von der Polizei ausgegangen ist, wird gewöhnlich ein Polizei-Beamter als prosecutor verpflichtet und mit Abfassung und Einreichung der bill of indictment beauftragt. In allen Fällen hat aber nicht nur der Verletzte, sondern jeder Privatmann, der die Anzeige erstattet hat, das Recht, sich als prosecutor verpflichten zu lassen und die bill of indictment selbst oder durch seine Anwälte — denn er wird hierzu immer einen solicitor und einen barrister brauchen — abzufassen und einzureichen. Er wird von diesem Rechte Gebrauch machen, wenn er an der Bestrafung des Verbrechers ein besonders großes Interesse hat.

Neben dieser Prozeßart, die wie gesagt noch heute die Regel bildet, haben sich für bestimmte Fälle noch besondere Formen der Strafverfolgung herausgebildet, die ihren Ursprung einer um die Mitte des Jahrhunderts entstandenen und stetig wachsenden Strömung verdanken, welche es als ihre Aufgabe betrachtet, dem Privaten die Strafverfolgung zu nehmen und sie nach kontinentalem Muster ausschließlich in die Hände staatlicher Organe zu legen. Infolge der Zähigkeit jedoch, mit welcher der Engländer an alten Einrichtungen festhält und dank der Eifersucht, mit der er darüber wacht, daß die Macht des Staates nicht auf Kosten des einzelnen allzusehr anwachse, hat diese Strömung bis jetzt eine Umgestaltung des Strafprozesses in der von ihr erstrebten Weise noch nicht herbeiführen können, sondern nur vereinzelte Gesetze gezeitigt, die in höchst unvollkommener Weise die Centralisation der Anklage herbeizuführen suchen.

Zunächst wurde um eine beschleunigte Verfolgung zu ermöglichen, einzelnen Personen das Recht gegeben, wegen bestimmter Verbrechen die Anklage unter Umgehung der grand jury unmittelbar bei der Urteilsjury einzureichen. Diese Befugnis erhielt der Attorney General oder Solicitor General bei Staatsverbrechen und politischen Morden; das Ministerium des Innern bei Steuervergehen, Münzfälschungen, unerlaubten Lotterieen und Gewaltthätigkeiten gegen Polizeibeamte; der Generalfiskal im Finanzministerium (Solicitor of the Treasury) bei Finanzdelikten; der Richter bei einem vor ihm geleisteten Meineid; der Konkursverwalter bei Bankerottdelikten. Der Attorney General setzt die Anklage, die hier information heißt, selbst auf und reicht sie bei dem Queens Bench Gerichtshof ein. Das Ministerium des Innern beauftragt mit Erhebung der

Anklage die law officers of the crown, während der Generalfiskal, der Richter und der Konkursverwalter ihre Anklagen selbst vertreten.

Sodann wurden in jedem Distrikt besondere Beamte (coroners) angestellt, welchen die Aufgabe zufiel, mit Hilfe einer in jedem einzelnen Fall von ihnen selbst gebildeten jury verdächtige Todesfälle zu untersuchen. Die Anklage wird hier durch diese besondere jury erhoben, muß aber trotzdem noch der grand jury vorgelegt werden. Hält diese die Anklage für ungerechtfertigt, so muß sie dieselbe trotzdem der Urteilsjury zugehen lassen; es erfolgt aber dann fast stets, infolge absichtlicher Verschleppung des Prozeßbetriebs, in der Hauptverhandlung die Freisprechung.

Der wichtigste Schritt endlich in der erwähnten Richtung geschah durch das Gesetz vom 3. Juli 1879, die sogenannte Prosecution of offences act. Durch dieses wurde eine Centralanklagebehörde geschaffen, bestehend aus dem vom Staatssekretär eingesetzten Director of Public Prosecution und seinen 6 Gehilfen, die er sich selbst ernennt. Er muß die Qualifikation eines barrister at law oder eines solicitor of the supreme court of Judicature besitzen und mindestens 10 Jahre lang die Praxis als Anwalt ausgeübt haben, und darf keine Nebenpraxis ausüben. Er ist berechtigt, aber nicht verpflichtet, wegen aller Verbrechen und Vergehen die Verfolgung einzuleiten. Er ist ferner befugt den Prozeßbetrieb überhaupt zu kontrollieren und kann bei jedem Strafprozeß, in welchem Stadium er sich befinden mag, nach seinem Ermessen die Verfolgung selbst übernehmen oder auch das Verfahren einstellen. Der geschäftsführende Beamte an den erkennenden Gerichten hat ihm in allen Fällen, in denen die Anklage entweder nach Schluß der Vorerörterungen zurückgezogen oder binnen einer angemessenen Frist nicht fortgesetzt worden ist, die Akten zur Entschließung einzusenden. Dagegen hat der private prosecutor seinerseits das Recht, bei einem Richter des High Court Beschwerde zu führen, wenn der public prosecutor den Prozeß liegen, oder die Anklage fallen läßt. Der Richter kann nach Gehör des Director of the Public Prosecution entweder diesen anweisen, den Prozeß fortzusetzen oder dem Beschwerdeführer anheim geben, die Anklage selbst aufzunehmen. Freilich wird der Fall selten eintreten, daß der Beschwerdeführer von dieser Befugnis Gebrauch macht, da die von der Behörde aufgegebene Verfolgung meist aussichtslos sein wird. Immerhin hat aber der Private das Recht, sein Heil selbst zu versuchen, wenn er dies als in seinem Interesse liegend erachtet, und er kann sich nie über Rechtsverweigerung beklagen.

Die dem Director of P. P., dessen Amt im Jahre 1884 mit dem des Solicitor for the affaires of Her Majesty's Treasury vereinigt wurde, zustehenden Machtbefugnisse sind, wie wir gesehen haben, sehr bedeutend und wären wohl geeignet, bei kräftiger Handhabung die Thätigkeit des Privaten erheblich einzuschränken. In Wirklichkeit ist aber durch diese Einrichtung der bestehende Rechtszustand so gut wie gar nicht geändert worden. Der Direktor of P. P. macht von seinen Rechten nur einen höchst spärlichen Gebrauch. Die Anzahl der von ihm betriebenen Verfolgungen ist äußerst gering. Er verfolgt, wie es in einem Artikel der Times vom 12. März 1892 heißt [1]), nur „wenn er absolut dazu gezwungen wird". Im Jahre 1891 sind nur 471 öffentliche Klagen erhoben worden, während die Ablehnung der Klageerhebung in 591 Fällen erfolgt ist.

Es erübrigt noch zu erwähnen, daß auch der Private jetzt noch das Recht hat, in manchen Fällen die Anklage direkt vor der Urteilsjury zu erheben, ein Recht, das ihm früher, bis es ihm im Jahre 1820, soweit Verbrechen und Vergehen in Frage kommen, durch ein Gesetz [2]) entzogen wurde, allgemein zustand. Er kann nämlich dann, wenn es sich um Verbrechen handelt, deren möglichst rasche Bestrafung im öffentlichen Interesse liegt (Wahlbeeinflussung durch Bestechung, schwere Verleumdung, qualifizierte Amtsvergehen), bei dem Master of the Crown Office durch ein Gesuch beantragen (fill an information), daß ihm die direkte Anklage gestattet werde. Dem Gesuch muß die von ihm beschworene Angabe der Verdachtsgründe beigefügt sein. Der Master of the Crown Office hat den Anklageentwurf dem Queens Bench Gerichtshof vorzulegen, der über die Zulässigkeit der information endgültig zu entscheiden hat. Aber auch im Falle der Zulassung derselben muß dem Beschuldigten in einem besonderen Termin Gelegenheit gegeben werden, seine Einwendungen vorzubringen. Werden diese für begründet erachtet, so wird die bedingt erteilte Genehmigung zurückgezogen und der Private auf den gewöhnlichen Weg verwiesen.

---

[1]) S. Rourrisson a. a. O. S. 188 Anm. 3.

[2]) 59 Geo. III c. 46.

Dagegen hat der Private das uneingeschränkte Anklagerecht bei allen Bagatelldelikten, die der **Summary Jurisdiction** des Friedensrichters unterliegen.

Nach alledem ergiebt sich folgendes:

Eine Verpflichtung für den Privaten oder eine öffentliche Behörde, die Strafverfolgung zu betreiben, giebt es von zwei Fällen abgesehen, nicht. Diese beiden Fälle sind: die Pflicht des coroner bei verdächtigen Todesfällen den Urheber zu ermitteln und die Pflicht des **public prosecutor** überall wo es das öffentliche Interesse fordert, die Verfolgung zu übernehmen; die Beurteilung aber, ob ein Todesfall verdächtig ist oder nicht, liegt im Ermessen des coroner, und die Entscheidung darüber, ob ein öffentliches Interesse vorliegt, hängt von dem subjektiven Urteil eines Beamten ab, der nicht dem Parlament, sondern nur dem Minister des Innern verantwortlich ist. Wie selten der public prosecutor eine Strafverfolgung als im öffentlichen Interesse liegend anerkennt und deswegen die Anklage erhebt, ist schon gesagt worden. Die grand jury als Ankläger aus eigenem Antrieb und eigener Wissenschaft scheidet so gut wie aus. Der Friedensrichter tritt nur auf Antrag in Aktion. Es liegt also die Verfolgung des Verbrechers thatsächlich in den Händen des **public prosecutor**, der Polizei und der Privaten. Die Statistik zeigt, daß die von Privaten vorgenommenen Strafverfolgungen die weitaus zahlreichsten sind. Trotzdem vertritt Liepmann die Ansicht, daß der Private, abgesehen von dem Bagatellverfahren, nicht als Privatkläger anzusehen sei. Ankläger sei vielmehr die **grand jury**, während der Private nur als Denunziant aufgefaßt werden könne, auf den die **grand jury** einzelne Anklagebefugnisse abgewälzt habe; denn in den meisten Fällen sei die Rolle, die der Private spiele, mit der Erstattung der Anzeige bei dem Friedensrichter beendet. Der Friedensrichter führe selbständig die Untersuchung, und bringe die Sache in der beschriebenen Weise zur Anklage.

Dieser Ansicht ist entschieden entgegenzutreten. Ihre Unrichtigkeit ergiebt sich aus der historischen Entwickelung der **grand jury** auf die einzugehen, hier jedoch zu weit führen würde[1]). Sie wird widerlegt aber schon durch folgende Erwägung:

Die **grand jury** erhebt die Anklage, gleichviel ob die **bill of indictment** von dem **public prosecutor**, dem **clerk** des erkennenden Gerichts

[1]) Vergl. Schmidt a. a. O. S. 82, 83.

oder des Friedensrichters, dem policeman oder dem Privaten eingebracht worden ist. Ebensowenig wie sie einzelne Prozeßfunktionen auf den public prosecutor oder die anderen Beamten abwälzt, thut sie das gegenüber dem Privaten. Sie ist vielmehr in allen Fällen in Wirklichkeit nur das die Anklage vermittelnde Organ, welches der Urteilsjury die Garantie bieten soll, daß die Anklage nicht leichtfertig erhoben sei. Sie hat nur noch formelle Bedeutung, seitdem durch Einführung des friedensrichterlichen Ermittelungsverfahrens und durch die erheblichen Nachteile, die dem Urheber einer falschen Anklage drohen, genügende Garantieen für die Rechtmäßigkeit der Anklage gewährt sind. Wenn es auch richtig ist, daß in vielen Fällen der Private thatsächlich nur die Rolle des Denunzianten spielt, so darf doch nicht übersehen werden, daß er stets das Recht hat, sich als prosecutor verpflichten zu lassen und die Verfolgung selbst zu übernehmen, wenn er das in seinem oder im öffentlichen Interesse für nötig hält. Wenn er das nicht thut, so handelt er nicht gezwungen, sondern seines eigenen Vorteils wegen, um Zeit, Mühe und Kosten zu sparen. Er ist es, der die Verantwortlichkeit der Anklage auf andere abwälzt. Wenn er sie aber selbst durchführt, dann ist er und nicht die grand jury der eigentliche Ankläger.[1])

Sehr deutlich zeigt sich dies in folgender eigentümlichen Erscheinung. Teils aus Gemeinnützigkeit, teils persönlicher Interessen wegen, haben sich in England Gesellschaften[2]) gebildet, deren alleiniger Zweck es ist, hier Verbrechen, deren Bestrafung ganz besonders im Interesse des Gemeinwohls oder der Moral liegt, dort Vergehen irgend welcher Art, die gegen ein Mitglied der Gesellschaft begangen werden, aufzudecken und zu verfolgen. Die Verfolgung geschieht auf Kosten der Gesellschaft durch einen von ihr zu diesem Zwecke angestellten besoldeten Beamten, der als private prosecutor auftritt. Als Beispiele der ersten Art mögen erwähnt werden, Vereinigungen zur Verfolgung von Bettlern, die durch Vorspiegelung von Gebrechen Mitleid zu erwecken suchen, Gesellschaften zur Verfolgung von Leuten, die unsittliche Bilder und Schriften verbreiten, Vereine zum Schutze von Kindern, Tierschutzvereine. Diese Vereine

[1]) Derselben Ansicht ist auch Nourrisson a. a. O. S. 120.

[2]) Im Jahre 1838 bereits gab es in England 500 solcher Gesellschaften. Jetzt wird ihre Zahl wohl das Doppelte weit übersteigen. S. Nourrisson a. a. O. S. 195.

werden zum Teil von der Regierung unterstützt. So steht der Kinderschutzverein unter dem Protektorat der Königin und der königlichen Familie. Er genießt ebenso wie die Vereinigung zum Schutze der Frauen gegen schlechte Behandlung und Gewalthätigkeiten großes Ansehen und hat durch rücksichtslose Verfolgung der in ihr Gebiet einschlagenden Verbrechen viel Gutes gewirkt.

Von Gesellschaften, die im Interesse ihrer Mitglieder die Verfolgung der gegen diese begangenen Verbrechen übernehmen, mag auch die Vereinigung der Bankiers genannt werden. Sodann giebt es auch Vereine, wie z. B. die Vereinigung von Ärzten, die sich zur Aufgabe gemacht haben, ihre eigenen Standesgenossen zu verfolgen, wenn diese Handlungen begehen, die dem Standesinteresse zuwiderlaufen. Zum Schlusse mag noch auf Pfarrgemeinden und größere Anstalten, wie z. B. Irrenanstalten, hingewiesen werden, die auf ihre Kosten Verbrechen verfolgen, welche gegen ihre Angehörigen und Angestellten begangen worden sind.

Schottland.[1])

Im Gegensatz zu England besteht in Schottland schon lange eine öffentliche Behörde, die von Amtswegen ohne Rücksicht auf private Interessen berufen ist, als Hüterin der Sicherheit des Staates die Verbrecher zu verfolgen und zur Bestrafung zu bringen. An der Spitze dieser Behörde steht der Lord-advocate, der zugleich Mitglied des Unterhauses ist. Ihm zur Seite stehen der solicitor general und vier advocate-deputes, die von ihm aus der Zahl der bei Gericht zugelassenen Anwälte ernannt werden. Die Bureaux des Lord-advocate in Edinburg bestehen aus ständigen Beamten, die sich unter der Aufsicht des crown agent befinden. In jeder größeren Grafschaft und jeder größeren Stadt wird aus der Zahl der dortigen Rechtsanwälte ein procurator fiscal ernannt, der für jede Strafsache, die er betreibt, Honorar erhält und den Weisungen des sheriff und des Lord-advocate Folge zu leisten hat.

Die Vorbereitung der Hauptverhandlung erfolgt durch den procurator fiscal. Er hat die Zeugen und den Beschuldigten zu vernehmen und kann Verhaftungsbefehle bei dem Gericht erwirken,

Die meisten Delikte werden auf Antrag des procurator fiscal summarisch durch den Magistrat abgeurteilt. Liegt ein schweres

---

[1]) Zu vergl. Nourrisson S. 136—141.

Delikt vor, das nicht zur Zuständigkeit des Magistrats gehört, so hat der procurator fiscal die Akten an den crown agent zu schicken, der sie dem Lord-advocate oder seinen Gehülfen zu Beschlußfassung vorlegt. Der Lord-advocate hat für seine Entschließungen völlig freie Hand. Er kann nicht nur Einstellung des Verfahrens und Freilassung des Beschuldigten verfügen, sondern auch, wenn er die Erhebung der Anklage anordnet, das Gericht bestimmen, vor dem die Verhandlung stattfinden soll. Nur bei einer geringen Anzahl bestimmter Verbrechen ist der oberste Gerichtshof ausschließlich zuständig.

Die Anklage wird vertreten vor dem obersten Gerichtshof durch den Lord-advokate oder den solicitor general, vor dem Schwurgericht durch einen advokate depute und vor dem Magistrat durch den procurator fiscal.

Dieses Anklagerecht der Staatsbehörde ist zwar faktisch, aber nicht im Prinzip ein Anklagemonopol. Prinzipiell ist es vielmehr jedem, der durch eine strafbare Handlung verletzt ist oder sonst ein Interesse an der Bestrafung des Thäters hat, unbenommen, selbst die Anklage zu erheben. Nur muß er vorher dazu die Genehmigung des Lord-advokate einholen.[1]) Gegen die Versagung der Genehmigung steht ihm die Beschwerde an den High Court zu. Indessen wird von diesem Rechte nur äußerst selten Gebrauch gemacht. In den letzten 50 Jahren soll nur ein einziger Fall vorgekommen sein, in dem ein Privater selbständig Anklage erhoben hat. Das Übliche ist, daß der Verletzte die Anzeige bei dem procurator fiscal erstattet und dieser dann die Verfolgung in die Hand nimmt. Die geringe Anzahl der Privatanklagen ist ein Zeichen dafür, daß der Lord-advocate seine Gewalt weder mißbraucht, noch von ihr zu wenig Gebrauch macht und daß das Volk mit der Thätigkeit der Anklageorgane zufrieden ist.

Irland.

Auch Irland hat sich eine Behörde geschaffen, deren alleinige Aufgabe es ist, zum Schutze der Bürger und der staatlichen Ordnung für die Autorität seiner Strafgesetze zu sorgen. An der Spitze dieser Behörde steht der attorney general in Dublin. Dieser er-

[1]) Diese Klagbefugnis steht dem Privaten also nicht nur subsidiär zu, wie vielfach angenommen wird.

nennt in jeder Grafschaft einen sessional crown solicitor, während für jeden Schwurgerichtsbezirk durch den Lord lieutenant ein crown solicitor bestimmt wird. Ähnlich wie in Schottland trifft hier der attorney general Bestimmung darüber, ob und wo Anklage erhoben werden soll. Die Anklage wird vor dem Schwurgericht vertreten durch einen oder mehrere Advokaten, die vom attorney general ausgewählt werden und den Titel queens counsels führen.

Der Private hat in Irland nur ein subsidiäres Anklagerecht. Er kann nämlich nur dann selbständig die Anklage erheben, wenn der attorney general die öffentliche Verfolgung abgelehnt hat. Von diesem Rechte wird aber sehr selten Gebrauch gemacht, weil man eine Verfolgung für aussichtslos erachtet, deren Übernahme der oberste Beamte der Anklagebehörde wegen mangelnder Beweise oder fehlender Begründung abgelehnt hat.

Österreich.[1])

Die allgemeinen Grundsätze über die Berechtigung des Privaten in Österreich zur selbständigen Erhebung der Anklage finden sich in § 2 der österreichischen Strafprozeßordnung vom 23. Mai 1873, wo es heißt:

> Die gerichtliche Verfolgung der strafbaren Handlung tritt nur auf Antrag eines Anklägers ein. Wegen Handlungen die nach den Strafgesetzen nur auf Begehren eines Beteiligten verfolgt werden können, kommt diesem die Anstellung der Privatanklage zu.
>
> Alle anderen strafbaren Handlungen sind Gegenstand der öffentlichen Anklage, deren Erhebung zunächst der Staatsanwaltschaft zukommt, statt derselben aber nach Maßgabe dieser Strafprozeßordnung von den Privatbeteiligten übernommen werden kann.

Hiernach steht die Erhebung der Strafklage im Prinzip der Staatsanwaltschaft zu. Diese Befugnis entfällt bei einer Reihe von Delikten, bei denen eine im einzelnen Fall bestimmt bezeichnete

---

[1]) Benutzte Litteratur: S. Mayer: Kommentar zur österreichischen Strafprozeßordnung; derselbe: Handbuch des österreichischen Strafprozeßrechts; v. Liszt: Die Privatklage in Österreich, Gerichtssaal Bd. 29 S. 187 ff.; Schmidt: Staatsanwalt und Privatkläger; Materialien, (Hahn) zur deutschen Strafprozeßordnung.

Privatperson in erster Linie das Recht zur Strafverfolgung hat (prinzipiale Privatanklage), während unter gewissen Voraussetzungen an Stelle des Staatsanwalts, wenn dieser von der Strafverfolgung absieht, ebenfalls bestimmte Privatpersonen als Privatkläger auftreten können (subsidiäre Privatanklage). Außerdem kennt das österreichische Recht noch in gewissen Fällen die Beteiligung des Verletzten am Strafverfahren zur Verfolgung seiner privatrechtlichen Ansprüche,[1]) hierüber wird das Nähere unten bei Besprechung der subsidiären Privatanklage gesagt werden.

Über die prinzipiale Privatanklage bestimmt § 46 Str.P.O. des Näheren:

Handelt es sich um ein Vergehen, das nach den Strafgesetzen nur auf Begehren eines in seinem Recht Verletzten strafrechtlich verfolgt werden darf, so steht diesem die Befugnis zu, bei dem Strafgericht als Privatankläger schriftlich oder mündlich das Begehren um strafrechtliche Verfolgung zu stellen. Der Privatankläger ist berechtigt, während der Vorerhebungen und der Voruntersuchung dem Gerichte alles an die Hand zu geben, was seine Anklage unterstützen kann, von den Akten Einsicht zu nehmen und zur Geltendmachung seiner Anklage alle Schritte bei Gericht einzuleiten, zu welchen sonst der Staatsanwalt berechtigt ist.

Hat der Privatankläger unterlassen, innerhalb der gesetzlichen Frist die Anklageschrift oder die sonst zur Aufrechterhaltung der Anklage erforderlichen Anträge einzubringen, ist er bei der Hauptverhandlung nicht erschienen oder hat er bei derselben unterlassen, die Schlußanträge zu stellen, so wird angenommen, daß er von der Verfolgung zurückgetreten sei.

Auf den Wunsch des Privatanklägers kann der Staatsanwalt dessen Vertretung übernehmen.

Die strafbaren Handlungen, welche nur auf Begehren verfolgt werden können, sind im Strafgesetzbuch vom 27. Mai 1852 aufgeführt. Es sind dies nicht Verbrechen, sondern nur Vergehen und Übertretungen, nämlich: Diebstahl und Veruntreuung unter Verwandten,[2]) Vergehen gegen das litterarische oder artistische

---

[1]) 4, §§ 4, 47 St.P.O.

[2]) § 463 St.G.B.

Eigentum,[1]) Ehrbeleidigung,[2]) öffentliche Beschimpfung und Mißhandlung,[3]) Vorwürfe wegen einer ausgestandenen oder erlassenen Strafe,[4]) Ehebruch,[5]) Entehrung einer minderjährigen Anverwandten durch einen Hausgenossen,[6]) Verleitung eines minderjährigen Sohnes oder Anverwandten zur Unzucht durch eine dienende Frauensperson,[7]) Trunkenheit in gewissen Fällen,[8]) Verstöße gegen die Familienzucht,[9]) Verletzung des Brief- und Siegelgeheimnisses.[10])

Das Begehren um Strafverfolgung ist entweder Ansuchen[11]) oder Beschwerde[12]) oder Verlangen.[13]) Berechtigt zur Erhebung der Privatanklage ist nur der, dem im einzelnen Falle das Begehren um Strafverfolgung zusteht. Hat ein Verein dieses Recht, so kann jedes einzelne Mitglied desselben selbständig die Klage erheben. Jedoch gilt in diesem, wie in jedem anderen Falle, in dem es mehrere Antragsberechtigte giebt, der durch die Praxis nach dem Vorbilde des § 415 der deutschen Str.P.O. geltende Grundsatz, daß nach Erhebung der Klage durch einen Berechtigten den anderen Berechtigten nur der Beitritt zu dem eingeleiteten Verfahren gestattet ist, und daß jede in der Sache ergangene Entscheidung zu Gunsten des Beschuldigten auch den Berechtigten gegenüber wirkt, welche die Privatklage nicht erhoben haben.

Das Anklagerecht erlischt, wenn der Berechtigte die verletzende Handlung ausdrücklich verziehen hat, wenn, seitdem er von ihr Kenntnis erhalten, 6 Wochen verstrichen sind, ohne daß er die Klage erhoben hat, und wenn die Strafverfolgung nach den allgemeinen Bestimmungen des Strafgesetzbuches verjährt ist.[14])

---

[1]) § 467.
[2]) §§ 487—495.
[3]) § 496.
[4]) § 497.
[5]) § 502.
[6]) § 504.
[7]) § 505.
[8]) § 524.
[9]) § 525.
[10]) § 1 des Gesetzes vom 6. April 1870.
[11]) §§ 463, 525 Str.G.B.
[12]) § 524.
[13]) §§ 467, 495—497, 503, 505.
[14]) § 530 Str.G.B.

Das Begehren um Strafverfolgung ist bei dem zuständigen Strafgericht zu stellen. Zuständig ist stets das Gericht, welches zu entscheiden haben würde, wenn wegen derselben strafbaren Handlung die öffentliche Klage erhoben worden wäre. Auch das Verfahren ist das gleiche, wie bei der öffentlichen Klage. Nur sind die prozessualen Befugnisse des Privatanklägers denen des Staatsanwalts gegenüber selbstverständlich in einigen Beziehungen beschränkt.

Es steht zwar in seinem Ermessen, ob er um Einleitung von Vorerhebungen nachsuchen, eine Voruntersuchung beantragen oder sofort die Anklageschrift einreichen will.[1]) Er kann aber nicht, wie der Staatsanwalt,[2]) Sicherheitsbehörden und Bezirksgerichte mit Vorerhebungen beauftragen, sich deswegen mit Staats- oder Gemeindebehörden in Verbindung setzen oder Militär requirieren; er darf auch nicht während der Voruntersuchung den Gerichtssitzungen beiwohnen[3]) und hat das Recht der Akteneinsicht nur in beschränktem Maße. Beantragt er die Voruntersuchung oder Einleitung der Vorerhebungen, so hat der Untersuchungsrichter zunächst seine Berechtigung zur Stellung des Antrages zu prüfen.[4]) Gegen den Beschluß des Untersuchungsrichters, der seinen Antrag wegen mangelnder Berechtigung abweist, hat er Beschwerde an die Ratskammer und gegen deren ablehnende Entscheidung weitere Beschwerde an den Gerichtshof II. Instanz.[5]) Reicht er direkt die Anklage ein, so steht es dem Beschuldigten frei, die Berechtigung des Privatanklägers binnen einer Präklusivfrist von 8 Tagen, oder, wenn er verhaftet ist, binnen 24 Stunden durch Einspruch anzuzweifeln. Über den Einspruch entscheidet der Gerichtshof II. Instanz. Wird er zurückgewiesen oder ist er binnen der Frist nicht erhoben worden, so wird die Anklage rechtskräftig, und es erfolgt Anberaumung eines Termins zur Hauptverhandlung. Gegen die Entscheidung des Gerichtshofes II. Instanz steht sowohl dem Privatankläger als dem Beschuldigten die Nichtigkeitsbeschwerde an den obersten Gerichtshof als Kassationshof zu, aber nur wegen formaler Mängel.[6]) In der Hauptverhandlung hat der Privatankläger dieselbe Rolle, wie

---

[1]) § 91 Str.P.O.
[2]) §§ 24, 36 Str.P.O.
[3]) § 35.
[4]) § 92 Abs. 1.
[5]) §§ 113, 114.
[6]) §§ 207, 208, 209, 210, 214, 216, 217.

der Staatsanwalt im öffentlichen Verfahren. Er steht an dessen Stelle. Sein Antrag ist auf Bestrafung des Angeklagten gerichtet. Ebenso wie der Staatsanwalt kann er das Begehren um Strafverfolgung und die Anklage bis zur Urteilsfällung zurückziehen. Thut er dies im Laufe der Voruntersuchung, so hat der Untersuchungsrichter die Einstellung des Verfahrens zu verfügen.[1]) Erklärt er die Rücknahme der Anklage vor Beginn der Hauptverhandlung, so hat die Ratskammer den Einstellungsbeschluß mit dem Beifügen zu erlassen, „daß es von der allenfalls schon angeordneten Hauptverhandlung abzukommen habe".[2]) Dagegen muß die Freisprechung des Angeklagten erfolgen, wenn die Anklage nach Eröffnung der Hauptverhandlung, aber bevor sich der Gerichtshof zur Fällung des Urteils zurückgezogen, oder — bei Schwurgerichtssachen — bevor die Verlesung der Fragen an die Geschworenen stattgefunden hat, zurückgenommen worden ist. Widerruf des Strafbegehrens nach der Fällung des Urteils I. Instanz, aber vor dessen Rechtskraft kann höchstens als Milderungsgrund bei Bemessung der Strafe durch das Berufungsgericht in Betracht kommen.[3]) Hieran ist durch die Bestimmung in § 259 Str.P.O. nichts geändert, da sich diese nur auf das Gericht I. Instanz bezieht.[4]) Allein ausgenommen ist der Fall des § 505 Str.G.B., wonach die für Begehung eines Ehebruchs erkannte Strafe erlischt, wenn der beleidigte Teil sich bereit erklärt, mit dem schuldigen weiter leben zu wollen.

Der Zurücknahme der Privatanklage wird es gleichgeachtet, wenn der Privatankläger versäumt hat, binnen 14 Tagen, nachdem ihm der Schluß der Voruntersuchung mitgeteilt worden ist, die Anklageschrift einzureichen,[5]) oder wenn er es unterlassen hat, die ihm nach den §§ 211, 261, 263, 320, 321 Str.P.O. obliegenden Anträge rechtzeitig zu stellen, oder wenn er in der Hauptverhandlung nicht erschienen ist. Eine Wiedereinsetzung in den vorigen Stand gegen diese Versäumnis giebt es nicht. Die Klage wird stets für zurückgenommen erklärt, sogar dann, wenn der Privatankläger vom Beschuldigten gewaltsam gehindert worden war. Dagegen braucht der Privatankläger nicht persönlich zu erscheinen, sondern kann sich

---

[1]) § 109.

[2]) § 227 Abs. 1

[3]) § 530 Str.G.B.

[4]) Plenarentscheidung des k. k. C.-H. vom 26. August 1875.

[5]) § 112 Str.P.O.

vertreten lassen. Einen Zwang zum persönlichen Erscheinen giebt es nicht. Infolgedessen ist eine Ladung mit der Androhung, daß die Klage als zurückgenommen gelte, wenn der Kläger nicht persönlich erscheine, unstatthaft.

Rücknahme der Klage wird schließlich auch dann angenommen, wenn der Privatankläger unterläßt, die Schlußanträge zu stellen. Sind sie einmal gestellt, so brauchen sie, wenn die Hauptverhandlung vertagt worden ist, nicht wiederholt zu werden.

Die zurückgenommene Anklage kann nicht erneuert werden. Deshalb kann auch die Rücknahme nicht bedingt erfolgen.

Die dem Privatankläger zustehenden Rechtsmittel sind bei Übertretungen Berufung gegen die Entscheidung des Bezirksgerichts an den Gerichtshof I. Instanz[1]) und bei Vergehen die Nichtigkeitsbeschwerde an den Kassationshof oder die Berufung an den Gerichtshof II. Instanz gemäß § 280 ff. Str.P.O.

Auf Wunsch des Privatanklägers kann der Staatsanwalt für diesen die Verfolgung übernehmen. Er tritt dann formell an dessen Stelle. Der eigentliche Ankläger bleibt aber der Private. Abgesehen davon, daß er dem Staatsanwalt die Verfolgung nicht wieder entziehen kann, behält er seine Dispositionsbefugnis über die Anklage; er bleibt verpflichtet, die Kosten zu tragen, wenn die Einstellung des Verfahrens oder die Freisprechung des Angeklagten erfolgt. Die Vorschriften über die Versäumung der Fristen bleiben bestehen. Tritt der Staatsanwalt von der Verfolgung wieder zurück, so nimmt der Privatankläger seine alte Stellung wieder ein.

Die subsidiäre Privatanklage steht dem Privatbeteiligten zu.[2]) Da man unter dem Privatbeteiligten den zu verstehen hat, der berechtigt ist, sich dem öffentlichen Strafverfahren anzuschließen, mag hier eine kurze Darstellung dieser Anschlußbefugnis eingeschaltet werden. Jeder, der durch ein Verbrechen oder ein von Amts wegen zu verfolgendes Vergehen in seinen Rechten verletzt ist, kann sich seiner privatrechtlichen Ansprüche wegen dem öffentlichen Strafverfahren anschließen.[3]) Als Verletzter ist nach der herrschenden Ansicht nur der „in seinen ziffermäßig nachweisbaren privatrechtlichen Ansprüchen Beschädigte" anzusehen, der infolge der strafbaren Handlung civilrechtlich verfolgbare Entschädigungsansprüche

[1]) § 463 Str.P.O.

[2]) § 48.

[3]) § 47 Abs. 1.

hat.[1]) Die Vermögensbeschädigung braucht indessen nicht unmittelbare Folge der strafbaren Handlung zu sein. Es genügt, wenn sie mittelbar infolge eines etwa gegen die Ehre oder die Freiheit des Verletzten begangenen Verbrechens entstanden ist. Von mehreren durch dieselbe Handlung Beschädigten hat jeder für sich das Recht zum Anschluß. Dagegen steht dieses Recht weder dem Universal- noch dem Singularsuccessor zu, kann also auch nicht Gegenstand der Abtretung sein. Der Anschluß muß ausdrücklich erklärt werden und vor der Hauptverhandlung erfolgen.[2]) Wird der Verletzte als Zeuge vernommen, so ist er zu befragen, ob er sich dem Strafverfahren anschließen wolle.[3]) Eine Form für die Anschlußerklärung ist nicht vorgeschrieben. Da der Verletzte seine privatrechtlichen Ansprüche genügend klar legen muß, wenn er nicht gemäß § 4 zu deren Geltendmachung vor die Civilgerichte verwiesen werden will, sind ihm zur Erleichterung seiner Beweisführung bestimmte Befugnisse gegeben.[4]) Er kann ferner dem Untersuchungsrichter und der Staatsanwaltschaft alles an die Hand geben, was zur Überführung des Beschuldigten oder zur Begründung des Entschädigungsanspruchs dienlich ist. Er hat, wenn nicht besondere Gründe entgegenstehen, das Recht der Akteneinsicht. Er darf in der Hauptverhandlung zugegen sein, Fragen an den Angeklagten, die Zeugen und Sachverständigen richten,[5]) sowie seine Ansprüche ausführen und begründen. Zum Erscheinen in der Verhandlung ist er nicht verpflichtet; auch wenn er ausbleibt, wird über die von ihm schriftlich gestellten Anträge entschieden. Er kann seine Ansprüche jederzeit herabsetzen oder fallen lassen, erhöhen dagegen nur bis zum Beginn der Hauptverhandlung.

Der Privatbeteiligte, unter dem also nur der durch die strafbare Handlung in seinen Vermögensrechten Geschädigte zu verstehen ist, der sich dem öffentlichen Strafverfahren angeschlossen hat, kann an Stelle des Staatsanwalts als öffentlicher Ankläger die Verfolgung

---

[1]) So E. Mayer, Kommentar Bd. I S. 196; von Liszt, Gerichtssaal 1877 S. 194; a. M. Mitterbecher-Neumayr, Erläuterungen zur Strafprozeßordnung, nach dem auch der nur „ideell" Verletzte zum Anschluß an das Strafverfahren berechtigt sein soll.

[2]) § 47 Abs. 1.

[3]) § 172.

[4]) § 47 Ziff. 1—3.

[5]) § 47 Ziff. 3, § 249.

des Verbrechers in die Hand nehmen, wenn der Staatsanwalt entweder seine Denunziation überhaupt unberücksichtigt läßt, oder in einem späteren Stadium des Verfahrens von der Verfolgung absieht.[1])

Geschieht die Zurückweisung der Anzeige sofort oder nachdem Vorerhebungen angestellt worden sind, so hat der Staatsanwalt den Verletzten davon mündlich oder schriftlich zu verständigen. Diese Verständigung geschieht infolge eines Erlasses der K. K. Oberstaatsanwaltschaft[2]) nicht nur in diesem Fall, sondern auch dann, wenn die Verfolgung nach vorangegangener Voruntersuchung, aber vor Einreichung der Anklageschrift aufgegeben oder die direkt erhobene Anklage, bevor sie rechtskräftig geworden,[3]) zurückgezogen wird, ohne Angabe von Gründen nur mit den Worten, daß die Staatsanwaltschaft keinen Grund zum gerichtlichen Einschreiten finde. Es ist S. Mayer Recht zu geben, wenn er diesen Erlaß für zu weitgehend hält und verlangt, daß der Staatsanwalt stets dem Verletzten die Gründe mitteile, die ihn zur Aufgabe der Verfolgung bewogen haben, weil dann der Verletzte oft von Erhebung einer aussichtslosen Anklage abgehalten werden würde. Ist der Verletzte von der Zurückweisung seiner Anzeige verständigt, so kann er, ohne an eine Frist gebunden zu sein, bei der Ratskammer die Einleitung der Voruntersuchung beantragen, indem er gleichzeitig erklärt, daß er sich dem Strafverfahren anschließe. Der Beschluß der Ratskammer ist, in welchem Sinne er auch ausfällt, nicht anfechtbar. Ist der Antrag abgelehnt, so kann er nach der herrschenden Ansicht[4]) auf Grund neuer Thatsachen oder Beweismittel nicht erneuert werden. Dagegen ist es dem Verletzten unbenommen, diese Nova dem Staatsanwalt vorzulegen, der dann seinerseits, wenn er sie für erheblich hält, die öffentliche Klage erheben kann. Hat die Ratskammer dem Antrag stattgegeben und ist die Voruntersuchung beendet, so ist dem Verletzten davon Mitteilung zu machen. Dieser muß dann ebenso wie der prinzipale Privatankläger binnen 14 Tagen bei Verlust seines Rechtes die Anklageschrift einreichen.

---

[1]) § 48.

[2]) Abgedruckt in den Juristischen Blättern 1878 Nr. 42; zu vergl. S. Mayer, Kommentar Bd. I S. 205.

[3]) §§ 112, 227.

[4]) S. Mayer, Kommentar I. 208.

Erfolgt der Rücktritt des Staatsanwalts entweder im Laufe der Voruntersuchung oder nach deren Schluß, aber vor Versetzung des Beschuldigten in Anklagestand, oder nach Einreichung der Anklageschrift, aber bevor die Anklage rechtskräftig geworden, dann verfügt der Untersuchungsrichter die Einstellung des Verfahrens.[1]) Hiervon ist der Verletzte, wenn er als Zeuge noch nicht vernommen oder gemäß §§ 365 und 172 Str.P.O. über seinen Anschluß bereits befragt worden ist und diesen erklärt hat, in Kenntnis zu setzen. Er ist dann berechtigt, binnen 3 Tagen die Erklärung abzugeben, daß er die Anklage aufrecht erhalte.[2]) Versäumung der Frist hat für ihn den Verlust der Anklage zur Folge.[3]) Ist dagegen der Verletzte über seinen Anschluß bereits befragt gewesen und hat er diesen nicht erklärt, so hat er sein subsidiäres Anklagerecht verloren. Die Mitteilung, daß die Voruntersuchung eingestellt sei, geschieht entweder mündlich mit Protokollierung oder schriftlich durch die Staatsanwaltschaft. Sie kann aber auch durch den Untersuchungsrichter oder, wenn der Privatbeteiligte an einem anderen Orte wohnt, durch den darum ersuchten Bezirksrichter seines Wohnortes erfolgen. Wird die Mitteilung überhaupt unterlassen, so beträgt die Erklärungsfrist für den Verletzten 3 Monate von Einstellung des Verfahrens ab gerechnet. Die Erklärung, die den Beschuldigten und die diesem zur Last gelegte That genau bezeichnen muß,[4]) wird dem Oberlandesgericht zur Beschlußfassung vorgelegt. Dieser verfügt je nachdem, entweder die Einstellung des Verfahrens, oder die Wiederaufnahme der Voruntersuchung oder — dies aber nur, wenn der Beschuldigte schon vernommen war — die Versetzung in Anklagestand.

Wenn der Staatsanwalt die Anklage nach deren Rechtskraft fallen läßt, kann der Verletzte binnen 3 Tagen, nachdem er davon verständigt worden ist, erklären, daß er sie aufrecht erhalte.[5]) Daraus, daß diese Befugnis ausdrücklich nur dem Privatbeteiligten zugestanden ist, folgt, daß der Verletzte, wenn er über seinen

---

[1]) § 109.

[2]) § 46 Abs. 2.

[3]) § 46 Abs. 3, § 49 Abs. 2.

[4]) In der Praxis wird die Bezugnahme auf den Antrag der Staatsanwaltschaft, der die Grundlage für die Untersuchung bildet, für genügend erachtet.

[5]) § 48 Ziff. 3.

Anschluß noch nicht befragt worden war und ihn auch noch nicht freiwillig erklärt hatte, nicht etwa wie im Falle des § 48 Ziff. 2 berechtigt ist, diese Erklärung noch binnen 3 Monaten abzugeben. Die rechtzeitig abgegebene Erklärung des Privatbeteiligten unterliegt hier nicht der materiellen Prüfung durch das Oberlandesgericht. Wohl aber hat der Gerichtshof I. Instanz die formelle Legitimation des Privatanklägers zu prüfen.

Bei Rücktritt des Staatsanwalts in der Hauptverhandlung hat sich der Privatbeteiligte nach der herrschenden Meinung sofort zu erklären, ob er die Anklage aufrecht erhalte und kann nicht etwa Aussetzung der Verhandlung auf 3 Tage verlangen. Ist er im Termin nicht erschienen, so muß gemäß § 259 Ziff. 2 auf Freisprechung des Angeklagten erkannt werden.

Der Staatsanwalt kann jeder Zeit von dem Gange des Strafverfahrens Kenntnis nehmen und die Strafverfolgung wieder übernehmen.[1]) Dann wird der Privatbeteiligte wieder Nebenkläger gemäß § 47. Tritt er später wieder von der Verfolgung zurück, so wird der Privatbeteiligte, ohne daß es etwa nochmals wieder der gerichtlichen Kognition bedarf, von selber wieder Subsidiärankläger, als ob die Zwischenübernahme der Verfolgung durch den Staatsanwalt nicht stattgefunden hätte.

Im übrigen finden die Vorschriften über die prinzipale Privatanklage auch auf die subsidiäre Anwendung. Insbesondere kann auch der subsidiäre Ankläger jederzeit die Verfolgung aufgeben. Beschränkt sind seine Befugnisse im Verhältnis zu denen des prinzipalen Privatanklägers nur insofern, als er weder die Anklageschrift ohne vorausgegangene Voruntersuchung einreichen darf, noch Rechtsmittel gegen die Beschlüsse der Ratskammer hat,[2]) — abgesehen von der Beschwerde gegen Einstellung der Voruntersuchung —, noch berechtigt ist, gegen die Beschlüsse des Gerichtshofs II. Instanz oder gegen das in der Hauptverhandlung ergangene Urteil die Nichtigkeitsbeschwerde einzuwenden.[3]) Die Berufung gegen das Urteil hat er nur so weit, als sie dem Nebenkläger eingeräumt ist.[4]) Die Wiederaufnahme des Verfahrens kann er nicht beantragen, und kann auch nicht durch Erhebung der sub-

[1]) § 49 Ziff. 1.

[2]) § 49 Ziff. 2.

[3]) § 49 Ziff. 3 in Verbindung mit §§ 282 Abs. 2, 346 Abs. 1.

[4]) § 49 verbunden mit §§ 283, 345, 465.

sidiären Anklage die Entlassung des Beschuldigten aus der Haft verhindern. Nur dann, wenn die staatsanwaltschaftliche Anklage bereits rechtskräftig war, hat die Ratskammer sich schlüssig zu machen, ob nach Lage des Falls die Untersuchungshaft anzudauern habe oder nicht.

Jeder Privatankläger kann sich durch einen Bevollmächtigten vertreten lassen, der in die Verteidigerliste einzutragen ist.[1]) Der Gerichtshof kann ihm, wenn er nicht am Orte des Gerichts wohnt, aufgeben, einen Verteidiger zu bestellen, darf ihn aber niemals zwingen, persönlich vor Gericht zu erscheinen.[2])

Zum Schlusse mag noch darauf hingewiesen werden, daß die prinzipale Privatanklage stets eine private Anklage bleibt, auch wenn sie der Staatsanwalt auf Ansuchen des Privaten übernimmt. Der Staatsanwalt ist dann nur der Vertreter des Prinzipalanklägers, dieser bleibt dominus litis und kann jederzeit von der Anklage zurücktreten. Die subsidiäre Privatanklage ist dagegen stets öffentlich und wird vom Privatbeteiligten an Stelle des Staatsanwalts betrieben. Es findet demnach das dem Kaiser nach § 2 Abs. 4 zustehende Abolitionsrecht wohl auf die subsidiäre, nicht aber auf die prinzipale Privatanklage Anwendung.

Ungarn.[3])

In den Grundzügen ähnlich, im einzelnen aber doch wesentlich verschieden von dem österreichischen Gesetze hat die ungarische Strafprozeßordnung, Gesetz-Artikel XXXIII vom Jahre 1896, die Beteiligung des Privaten am Strafverfahren geregelt. Die subsidiäre Privatklage ist in weiterem Umfange eingeführt; die prinzipale Privatklage ist dagegen keineswegs bei allen Antragsdelikten zugelassen, sondern nur auf wenige strafbare Handlungen beschränkt. Ferner ist dem Verletzten nicht nur der Anschluß an das Strafverfahren seiner privatrechtlichen Ansprüche wegen gestattet, sondern

[1]) § 39 Str.P.O. Nicht nur Advokaten, welche die Advokatur wirklich ausüben, sondern alle Rechtsverständigen, die für die Advokatur oder das Notariat geprüft sind, sowie alle Doktoren der Rechte, die Mitglieder der Lehrkörper einer rechts- oder staatswissenschaftlichen Fakultät können in die Verteidigerliste eingetragen werden.

[2]) § 50.

[3]) von Liszt: Das Strafrecht der Staaten Europas; Strafprozeßordnung vom Jahre 1896, Ges.-Art. XXXIII.

auch das Recht eingeräumt, unter gewissen Umständen einen Einfluß auch auf die Strafverfolgung neben dem Staatsanwalt auszuüben.

Die Rollen der Anklage werden in § 2 der Str.P.O. verteilt. Hiernach hat in der Regel die Staatsanwaltschaft die Anklage zu vertreten.

Ausnahmsweise steht die Vertretung der Anklage bei den der Privatanklage überlassenen Vergehen und Übertretungen in erster Linie dem Verletzten zu.

Unter Umständen kann der Verletzte an Stelle der Staatsanwaltschaft die Anklage übernehmen.

Der Verletzte ist nicht nur der in seinen Vermögensrechten Beschädigte, sondern jeder, dessen Recht durch irgend eine begangene oder versuchte strafbare Handlung verletzt oder gefährdet worden ist. Bei einem Antragsdelikt ist jeder Antragsberechtigte der Verletzte, und wenn dieser einen gesetzlichen Vertreter hat, so ist auch der Verteter als der Verletzte anzusehen.[1])

1. Die prinzipale oder Hauptanklage hat der Verletzte bei den Vergehen der Beleidigung und Verleumdung, der Verletzung fremder Geheimnisse, des Hausfriedensbruchs, der Sachbeschädigung, der leichten Körperverletzung[2]) und einigen Übertretungen.[3]) Sind mehrere Personen zur Privatanklage berechtigt, so hat von ihnen derjenige die Anklage zu vertreten, der sich zuerst gemeldet hat, oder der auf der Eingabe der sich gleichzeitig Anmeldenden zuerst steht. Jedoch kann im Laufe des Verfahrens jederzeit im Einverständnis aller Berechtigten ein anderer Verletzter als Vertreter der Anklage bezeichnet werden. Die übrigen Verletzten können sich dem Verfahren zur Kontrolle und Aushülfe anschließen, von den Akten Einsicht nehmen und Anträge stellen, die sich aber auf die Qualifizierung und Bemessung der Strafe nicht beziehen dürfen.[4]) Das Gericht stellt alle Beschlüsse, abgesehen von der Ladung zur Hauptverhandlung, nur dem Privatankläger zu und kann die sich Anschließenden anweisen, einen gemeinsamen Bevollmächtigten zu bestellen. Läßt der Privatankläger die Anklage vor der Haupt-

[1]) § 13 Abs. 6 u. 7 Str.P.O.

[2]) § 41 Str.P.O., verbunden mit §§ 258, 259, 261, 301, 327, 332, 418, 421 des Ges.-Art. V vom Jahre 1878.

[3]) § 41 Str.P.O., verbunden mit §§ 126, 127 des Ges.-Art. XL vom Jahre 1879 und §§ 8, 9 des Ges.-Art. LXI vom Jahre 1895.

[4]) §§ 44, 45 Abs. 1—3.

verhandlung fallen, so kann sie von den übrigen gemäß den Vorschriften über die Ersatzanklage aufgenommen werden.[1])

Minderjährige unter 16 Jahren und die wegen Geisteskrankheit ꝛc. entmündigten Personen können nicht selbständig Privatanklage erheben. An ihrer Stelle ist hierzu ausschließlich ihr gesetzlicher Vertreter berechtigt. Dagegen sind Minderjährige über 16 Jahre und entmündigte Verschwender zu selbständiger Klageerhebung befugt. Neben ihnen hat diese Befugnis auch ihr gesetzlicher Vertreter, bei Verschwendern jedoch nur, soweit die strafbare Handlung gegen deren Vermögen gerichtet war. Prozeßfähige Korporationen, Gesellschaften und Vereine erheben die Privatanklage durch die Personen, welche sie in ihren privatrechtlichen Angelegenheiten vertreten.[2])

Jeder Privatankläger und jeder sich Anschließende kann sich durch einen Rechtsanwalt vertreten lassen, ohne dadurch gehindert zu sein, persönlich den Verhandlungen beizuwohnen. Das Gericht kann jedoch, anders wie in Österreich, jederzeit das persönliche Erscheinen des Privatanklägers anordnen.[3])

Bei allen Privatklagedelikten muß der Verhandlung eine gerichtliche Voruntersuchung vorausgehen.[4]) Der Privatankläger kann jedoch vorher noch bei der Polizeibehörde die Vornahme von Nachforschungen beantragen, die aber gleichzeitig auch auf die entlastenden Umstände und die Beschaffung von Beweismitteln für den Verdächtigten zu richten sind.[5]) Nach Beendigung der Nachforschungen sind die polizeilichen Akten, nachdem der Privatankläger davon verständigt worden ist, dem Untersuchungsrichter zu übermitteln, bei dem dann die Anordnung der Untersuchung zu beantragen ist.[6]) Der Antrag muß die Person des Beschuldigten und die ihm zur Last gelegte strafbare Handlung genau bezeichnen und den Grund angeben, aus dem die Einleitung der Untersuchung gewünscht wird.[7]) Der Bescheid, durch den die Untersuchung angeordnet wird, ist nicht anfechtbar.[8]) Der ablehnende Beschluß unterliegt, wie jede

[1]) § 45 Abs. 4—7.

[2]) § 47 Abs. 1.

[3]) § 47 Abs. 2—4.

[4]) § 103 Ziff. 3b.

[5]) §§ 99, 100.

[6]) § 99 Abs. 2, § 101 Abs. 4, § 104 Abs. 1.

[7]) § 104 Abs. 2.

[8]) § 107.

andere Verfügung und Versäumnis des Untersuchungsrichters, der Beschwerde, über die der Anklagesenat zu entscheiden hat.[1]) Während der ganzen Untersuchung und hinsichtlich jeder Untersuchungshandlung kann der Privatankläger Anträge stellen; auch kann er jederzeit Einsicht in die Akten nehmen.[2]) Dagegen darf er bei der Abhörung von Zeugen und Sachverständigen nur dann zugegen sein, wenn diese in der Hauptverhandlung wahrscheinlich nicht erscheinen können.[3]) Die Vornahme des richterlichen Augenscheins, die Haussuchung, Beschlagnahme, Durchsuchung von Schriften und das Verhör von Sachverständigen soll in Gegenwart nicht nur des Beschuldigten und seines Verteidigers, sondern auch des Anklägers erfolgen. Der Untersuchungsrichter hat deshalb, außer wenn Gefahr im Verzuge, diese Personen von der Vornahme dieser Handlungen vorher zu unterrichten.[4]) Die Einstellung der Untersuchung geschieht, wenn der Privatankläger die Anklage fallen läßt, durch den Untersuchungsrichter, in allen anderen Fällen durch den Anklagesenat oder das urteilende Gericht.[5])

Ist die Untersuchung beendet, so hat der Untersuchungsrichter den Privatankläger davon zu verständigen und ihn darauf hinzuweisen, daß er binnen 15 Tagen die Anklageschrift einzureichen oder die Ergänzung der Untersuchung zu beantragen habe, widrigenfalls seine Anklage als fallen gelassen angesehen würde.[6]) Über den Antrag des Privatanklägers auf Ergänzung der Untersuchung entscheidet, wenn der Untersuchungsrichter ihm nicht stattgeben will, der Anklagesenat. Gegen dessen Bescheid ist nur dann der Rekurs zulässig, wenn er die Aussetzung des Verfahrens oder die Übermittelung anordnet.[7]) Läßt der Privatankläger die 15tägige Frist verstreichen, so hat der Untersuchungsrichter unverzüglich die Akten dem Anklagesenat vorzulegen, der dann die Einstellung des Verfahrens ausspricht.[8])

---

[1]) § 113.

[2]) §§ 119, 120 Abs. 1.

[3]) § 125.

[4]) § 126 (wodurch wohl manchmal der Zweck dieser Handlungen vereitelt werden mag).

[5]) § 128.

[6]) §§ 129 Abs. 1, 276.

[7]) § 129 Abs. 2—4.

[8]) § 277 Abs. 2.

Die Anklageschrift muß außer der Bezeichnung der Person des Beschuldigten und der strafbaren Handlung auch eine gedrängte Schilderung des Ergebnisses der Untersuchung unter Benennung der Beweismittel enthalten und das Gericht bezeichnen, vor dem die Hauptverhandlung stattfinden soll.[1]) Auf das weitere Verfahren finden die Vorschriften über das Offizial-Strafverfahren Anwendung. Insbesondere hat der Privatankläger dieselben Rechte wie der Staatsanwalt, an dessen Stelle er steht. Nur darf er nicht die aus dem Charakter der Staatsanwaltschaft als öffentlicher Behörde sich ergebenden Befugnisse, wie Beauftragung von Behörden und deren Organen zur Vornahme von Nachforschungen oder Übermittelung der Akten an ihn, in Anspruch nehmen. Auch hat er gegen die Beschlüsse des Anklagesenats, sofern dieser nicht die Einstellung des Verfahrens verfügt, kein Rechtsmittel.[2]) Ferner wird die Anklage für fallen gelassen erachtet, wenn der Privatankläger in der Hauptverhandlung unentschuldigt ausbleibt, vorausgesetzt, daß er unter einer entsprechenden Verwarnung dazu geladen worden war.[3])

Gegen das Urteil I. Instanz hat der Privatankläger die Appellation an die K. Gerichtstafel gemäß § 381 Str.P.O.[4]) und gegen das Urteil II. Instanz die Nichtigkeitsbeschwerde an die K. Kurie gemäß § 426 Str.P.O., sofern er die Anklage bereits vor der Fällung des Urteils II. Instanz vertreten hatte.[5]) Das Recht, die Wiederaufnahme des Verfahrens zu beantragen, steht ihm gemäß § 445 Abs. 1 und § 449 Abs. 1 sowohl zu, wenn das Verfahren eingestellt, als auch, wenn der Angeklagte verurteilt worden ist. Die Kosten des Verfahrens hat der Privatankläger dann zu tragen, wenn der Angeklagte für nicht schuldig erklärt oder das Verfahren infolge der Zurücknahme der Privatanklage eingestellt worden ist. Mehrere Privatankläger haften solidarisch. Es können aber auch die Kosten nach dem Grade ihrer Verantwortlichkeit vom Gericht nach freiem Ermessen verteilt werden.[6])

---

[1]) §§ 277 Abs. 1, 255.

[2]) § 43.

[3]) § 278 Abs. 3.

[4]) § 383 III 1.

[5]) § 430 Abs. 2.

[6]) § 482 Abs. 2, 3.

Die Rechte des Privatklägers erlöschen mit seinem Tode oder infolge von Verzichtleistung. Jedoch können binnen 30 Tagen nach seinem Tode seine Verwandten in auf- oder absteigender Linie, seine Geschwister oder sein Ehegatte die Anklage aufnehmen. In der Zwischenzeit wird die Anklage durch den Bevollmächtigten des Verstorbenen, oder wenn ein solcher nicht vorhanden, durch einen vom Gericht ad hoc bestellten Kurator vertreten.

Die Verzichtleistung kann nicht widerrufen werden. Ihr gleichgeachtet wird es, wenn weder der vorschriftsmäßig geladene Privatankläger noch sein Vertreter in der Verhandlung erscheint, oder wenn der Privatankläger einen Termin nicht einhält, der ihm unter Androhung der Einstellung des Verfahrens gesetzt worden ist.[1])

In jedem Stadium des Verfahrens kann die Staatsanwaltschaft, wenn es ihr im öffentlichen Interesse geboten erscheint, die Vertretung der Anklage übernehmen. Dann wird der Privatankläger Nebenpartei und Gehülfe des Staatsanwalts. Zu diesem Zwecke kann er die Akten einsehen und in betreff der Strafbarkeit des Angeklagten Anträge stellen, die aber die Höhe der Strafe nicht berühren dürfen. Er ist ebenso wie der Staatsanwalt von den Gerichtsbeschlüssen zu verständigen und zu den Terminen vorzuladen.[2])

2. Die subsidiäre oder Ersatzprivatanklage steht dem Verletzten dann zu, wenn der Staatsanwalt die Erhebung der Anklage ablehnt oder die erhobene Anklage fallen läßt.

Im ersteren Falle hat die Staatsanwaltschaft den Verletzten, der die Anzeige erstattet oder bei Antragsdelikten den Strafantrag gestellt hat, durch schriftlich motivierten Beschluß davon zu verständigen.[3]) Der Verletzte kann innerhalb der nächsten 8 Tage erklären, daß er die Verfolgung aufnehme, oder zunächst Beschwerde bei dem Oberstaatsanwalt erheben. Weist dieser die Beschwerde zurück, so kann er binnen weiteren 8 Tagen nach Empfang des ablehnenden Beschlusses die Vertretung der Anklage übernehmen.

Hat der Staatsanwalt im Laufe des Verfahrens die Anklage fallen lassen, so muß das Gericht dies dem Verletzten mündlich oder schriftlich mitteilen. Auf die mündliche Mitteilung hat er

---

[1]) § 49.

[2]) § 41 Abs. 3.

[3]) § 34 Abs. 2.

sich sofort, auf die schriftliche binnen 8 Tagen zu erklären, ob er die Anklage aufnehmen wolle. Diese Frist beträgt 30 Tage, wenn er vom Rücktritt des Staatsanwalts nicht benachrichtigt worden ist. Läßt er diese Fristen verstreichen, oder läßt er die mündliche Anfrage unbeantwortet, so wird das Verfahren vom Gericht eingestellt.[1]) War die Anklageschrift bereits eingereicht, die Anklage aber vor der unter Anklagestellung des Beschuldigten zurückgezogen worden, so kann der Verletzte binnen der achttägigen Frist auch die Anordnung der Untersuchung oder, wenn diese schon stattgefunden, deren Ergänzung beantragen.[2])

Im übrigen stehen sich Haupt- und Ersatzprivatankläger ganz gleich. Nur kann dieser weder bei der Polizeibehörde um Vornahme von Nachforschungen nachsuchen,[3]) noch Wiederaufnahme des Verfahrens beantragen,[4]) dagegen steht ihm das Recht der unmittelbaren Ladung dann zu, wenn in einer mit der seinigen zusammenhängenden Strafsache der Staatsanwalt die unmittelbare Ladung beantragt hat.[5])

Der Staatsanwalt hat das Recht, sich durch Einsicht in die Akten über die Ergebnisse des Verfahrens zu orientieren und jeder Zeit die Verfolgung zu übernehmen, dies auch dann, wenn er die Anklage bereits fallen gelassen hatte.[6])

In dem Verfahren vor den Bezirksgerichten erleiden die Vorschriften über das Privatanklageverfahren folgende Modifikationen.

Eine Untersuchung findet vor der Verhandlung nicht statt. Die Nachforschungen werden auf das Notwendigste beschränkt und von dem Bezirksrichter vorgenommen.[7])

Der Verletzte kann, wenn er als Hauptprivatankläger aufzutreten berechtigt ist, unmittelbar bei dem Bezirksgericht die Einleitung des Verfahrens beantragen; handelt es sich um ein Offizialdelikt, dessen Verfolgung der Staatsanwalt abgelehnt hatte, so wird der Verletzte, ohne daß es seiner besonderen Erklärung

---

[1]) § 42.
[2]) § 276.
[3]) § 99 Abs. 3.
[4]) § 43 Abs. 3.
[5]) § 282 Abs. 2.
[6]) § 35.
[7]) § 528 Abs. 1, 2.

bedarf, ohne weiteres als Ersatzprivatankläger betrachtet, wenn er selber oder sein gesetzlicher Vertreter oder sein Ehegatte die Anzeige erstattet hatten.[1]) Zur Vertretung des Verletzten ist auch ein männlicher Angehöriger desselben sowie ein Advokaturskandidat befugt. Ohne spezielle Vollmacht ist der Vater oder die Mutter für ihr Kind, der Ehemann für die Ehefrau, der Vormund für sein Mündel als Vertreter zuzulassen.[2])

Hat das Bezirksgericht die Einleitung des Verfahrens beschlossen, so wird in der Regel sofort ein Verhandlungstermin festgesetzt, zu dem der Privatankläger, der Beschuldigte und die bereits benannten Zeugen und Sachverständigen zu laden sind. Auch kann der Privatankläger zum persönlichen Erscheinen verpflichtet werden.[3]) Zu dem Verhandlungstermin kann der Privatankläger die noch nicht angemeldeten Zeugen und Beweismittel mitbringen. Erscheint er im Verhandlungstermin nicht, so gilt die Anklage als zurückgenommen. Auf alles dies ist in der Ladung hinzuweisen.[4]) Das Gericht hat dann, wenn in der Verhandlung auch kein anderer zur Erhebung der Anklage Berechtigter zugegen ist, durch Bescheid das Verfahren einzustellen, ist jedoch befugt, unter Aufhebung dieses Bescheides trotzdem in die Verhandlung einzutreten, wenn der Privatankläger erscheint, ehe sich die übrigen Vorgeladenen entfernt haben.[5]) Mit Einwilligung des Beschuldigten kann die Verhandlung ohne vorheriges Verfahren und ohne Ladung vor dem Bezirksgericht stattfinden, wenn beide Parteien gleichzeitig erscheinen oder sofort herbeigerufen werden können. Der Beschuldigte kann jedoch, wenn er nicht gesteht oder nicht auf frischer That ergriffen worden ist, Unterbrechung der Verhandlung zur Herbeischaffung seiner Beweismittel verlangen.[6])

Zu Beginn der Verhandlung ist zunächst die Anklage vorzutragen, auf die der Beschuldigte antworten kann; dann findet die Beweisaufnahme statt, nach deren Schluß die Plaidoyers in der üblichen Weise folgen.[7])

---

[1]) §§ 526 Abs. 2, 525 Abs. 2.

[2]) § 523 Abs. 3, 4.

[3]) §§ 527 Abs. 4, 528 Abs. 2, 529.

[4]) § 530 Abs. 1, 4.

[5]) § 539 Abs. 2, 4.

[6]) § 531.

[7]) § 541.

3. Das Recht, als Nebenpartei an der Vertretung der Anklage teilzunehmen, hat der Verletzte nur dann, wenn er als Hauptprivatankläger aufzutreten befugt war, die Staatsanwaltschaft aber im öffentlichen Interesse die Verfolgung in die Hand genommen hat. In allen andern Fällen kann jedoch der Verletzte wenigstens insofern sich an dem öffentlichen Strafverfahren beteiligen, als er in Bezug auf die Beweisaufnahme oder deren Ergänzung Anträge stellen und zu diesem Zwecke Einsicht in die Akten nehmen darf.[1])

Besonders geregelt sind seine Befugnisse, wenn er sich als Privatpartei,[2]) d. h. zur Geltendmachung seines privatrechtlichen Anspruchs dem Strafverfahren anschließt. Als solcher darf er alles, was zum Beweise seiner privatrechtlichen Ansprüche und der Strafbarkeit des Beschuldigten dienlich ist, der Staatsanwaltschaft oder bezw. dem Bezirksrichter vorlegen. Er kann nach Einreichung der Anklage stets, vorher nur dann, wenn kein wichtiger Grund entgegensteht, von den Akten Einsicht nehmen und ist befugt, seine Ladung zur Hauptverhandlung zu verlangen, an dieser Teil zu nehmen und mit Bezug auf seinen privatrechtlichen Anspruch Fragen an die Zeugen und Sachverständigen zu richten, sowie Anträge zu stellen.[3]) Die Bestrafung des Angeklagten kann er selbstverständlich nicht beantragen.

Der Anschluß als Privatpartei muß dem Stadium des Verfahrens entsprechend bei der Staatsanwaltschaft, der Polizeibehörde, dem Untersuchungsrichter, dem Anklagesenat oder schließlich dem urteilenden Gerichte erklärt werden. Der Anschluß wird durch das Gericht oder bezw. die Behörde, welche die Nachforschungen leitet, zurückgewiesen, wenn der Verletzte seine Berechtigung dazu nicht nachzuweisen vermag. Die Zurückweisung ist nicht anfechtbar.[4])

Wenn die Privatpartei in der Hauptverhandlung nicht erscheint, so wird hieraus nicht der Schluß gezogen, daß sie auf ihre Ansprüche verzichten wolle. Vielmehr wird in diesem Falle ihr Ansuchen aus den Akten verlesen, und es stellt der Staatsanwalt für sie den betreffenden Antrag.[5])

---

[1]) § 550.
[2]) § 13 Abs. 8.
[3]) § 51.
[4]) § 52 Abs. 1, 4, 5.
[5]) § 315 Abs. 3.

Die Appellation gemäß art. 381 Str.P.O. steht ihm nur seiner privatrechtlichen Ansprüche wegen zu und dies auch nur dann, wenn bei einem verurteilenden Erkenntnis hinsichtlich der Schuldfrage und der Bemessung der Strafe von einem Berechtigten appelliert worden ist, und wenn bei einem freisprechenden Urteile der Ankläger die Appellation nicht erhoben hat.[1]) Die Nichtigkeitsbeschwerde gegen das Urteil II. Instanz hat er nicht; ebenso wenig kann er die Wiederaufnahme des Verfahrens beantragen.

Norwegen.[2])

Die subsidiäre sowohl wie die prinzipale Privatklage ist auch der norwegischen Gesetzgebung bekannt. Beide sind durch das Gesetz vom 1. Juli 1887 das gerichtliche Verfahren betreffend geregelt. Dieses Gesetz schafft zunächst eine besondere Anklagebehörde,[3]) die aus dem Reichsadvokaten als höchstem Beamten und einer Anzahl von Staatsadvokaten besteht, welche sämtlich vom König ernannt werden und die Qualifikation eines beim höchsten Gericht zugelassenen Advokaten besitzen müssen. Ihnen unterstehen als Unterbehörden in den einzelnen Distrikten die Polizeimeister und Vögte und deren Beamte.[4]) Diese Anklagebehörde ist verpflichtet, alle strafbaren Handlungen von Amts wegen zu verfolgen.[5]) Beschränkungen dieses Anklagerechts finden nur insoweit statt, als nach den Strafgesetzen zur Strafverfolgung der Befehl oder die Genehmigung des Königs, die Aufforderung der Behörde oder das Begehren des Verletzten erforderlich ist.

Letzteres ist der Fall bei Beleidigungen, leichteren Körperverletzungen, Betrug, Unterschlagung, Diebstahl unter nahen Angehörigen, Freiheitsentziehung, Notzucht und ähnlichen Verbrechen. Dieses, dem deutschen Strafantrag entsprechende Begehren kann jeder Zeit zurückgezogen, aber nicht geteilt werden. Das gegen einen Schuldigen gerichtete Begehren zieht die Bestrafung der Mitschuldigen nach sich.

---

[1]) § 383 Abs. III 2 a, b.

[2]) Benutzte Litteratur: Getz bei von Liszt: Das Strafrecht der Staaten Europas S. 229 ff.

[3]) Falsch: Nourrisson S. 145.

[4]) §§ 72, 73, 74, 75 des Ges. vom 1. Juli 1887.

[5]) § 84.

Die prinzipale Privatklage findet statt hauptsächlich bei einfachen Beleidigungen, beleidigenden Behauptungen, die nicht wider besseres Wissen geschehen sind, unerlaubter Selbsthilfe, und verschiedenen unerlaubten Benützungen von Sachen Anderer.[1])

Die subsidiäre Privatklage kann der Verletzte erheben,[2]) wenn der Staatsanwalt ohne Grund entweder sich weigert, die Anklage zu erheben, oder die erhobene Anklage fallen läßt, oder ein Urteil angenommen hat, welches den Angeklagten ganz oder teilweise freigesprochen, oder wegen eines geringeren Vergehens als beantragt, verurteilt hat. An Stelle des Verletzten treten, wenn er gestorben ist, sein Ehegatte, seine Verwandten in auf- und absteigender Linie und seine Erben.

Das Privatklageverfahren wird geregelt durch die Bestimmungen in § 92 verbunden mit §§ 424—437 des Ges. vom 1. Juli 1887. Hiernach stehen dem Privatkläger im allgemeinen dieselben Befugnisse zu, die der Staatsanwalt bei der öffentlichen Klage hat. Nur kann er nicht wie dieser — abgesehen wenn Gefahr im Verzuge — besondere Beweiserhebungen vor der Hauptverhandlung veranstalten, und das Gericht ist zwar berechtigt, aber nicht verpflichtet, seinen Anträgen auf Vornahme sonstiger gerichtlichen Handlungen stattzugeben.[3]) In den Fällen der prinzipalen Privatklage muß dem Verfahren ein Sühneversuch vorangehen.[4]) In Schwurgerichtssachen ist eine Voruntersuchung obligatorisch. Der Privatkläger kann sie ebensowenig umgehen, wie er sie bei Sachen, die zur schöffengerichtlichen Zuständigkeit gehören, verlangen kann.[5]) Für die übrigen Delikte prüft das Gericht nach freiem Ermessen, ob auf den Antrag des Privatklägers eine Voruntersuchung eröffnet werden soll oder nicht. Beschließt es eine Voruntersuchung, so bestimmt es deren Ausdehnung und stellt nach deren Schluß entweder das Verfahren ein, oder erläßt ein Erkenntnis, welches neben einer genauen Bezeichnung des Angeklagten eine gedrängte Darstellung der diesem zur Last gelegten strafbaren Handlung unter Anführung des in Frage kommenden Strafgesetzes enthalten und

---

[1]) Vergl. Getz a. a. O. S. 232.

[2]) § 94 des cit. Ges.

[3]) § 425.

[4]) § 430.

[5]) § 426.

darüber Bestimmung treffen muß, vor welchem Gericht die Hauptverhandlung stattfinden soll. Hat eine Voruntersuchung nicht stattgefunden, so kann der Privatkläger den Beschuldigten direkt vor Gericht laden. Die Ladung muß den Erfordernissen für das Erkenntnis des Gerichts nach beendeter Voruntersuchung entsprechen.[1]) In dem Verfahren kann der Privatkläger als Zeuge abgehört werden.[2]) Bei Schwurgerichtssachen muß er sich zur Durchführung der Anklage eines Anwalts bedienen.[3]) Der Angeklagte kann Widerklage nur der prinzipalen Privatklage gegenüber erheben. Anberaumung eines neuen Sühnetermins ist dann nicht erforderlich, und die Zurücknahme der Privatklage hat auf die Widerklage keinen Einfluß.[4]) Die zurückgenommene Privatklage kann nicht wieder erneuert werden.

Über die subsidiäre Privatklage sind folgende besondere Bestimmungen hervorzuheben. Ihre Erhebung muß binnen einer Präklusivfrist von einem Monat seit Zustellung des Beschlusses erfolgen, der dem Verletzten die Berechtigung zur Erhebung der Klage giebt. Ist die Zustellung nicht erfolgt, so beträgt die Frist drei, und wenn es sich um Einlegung von Berufung oder um weitere Verhandlung vor dem höheren Gericht handelt, zwei Monate.[5]) Der subsidiäre Privatkläger übernimmt die Verfolgung in dem Stadium, in dem sie sich befindet. War aber die Voruntersuchung bereits abgeschlossen, so muß er dennoch deren Fortsetzung beantragen, um das Anklageerkenntnis zu erlangen.[6]) Von der Aufnahme der Verfolgung und dem Tage der Hauptverhandlung hat er den Staatsanwalt zu unterrichten. Dieser kann sich an dem weiteren Strafverfahren nach seinem Ermessen beteiligen und auch die Verfolgung jeder Zeit wieder selbst in die Hand nehmen. Wenn er dies thut, kann der Privatkläger sich der Verfolgung als Nebenkläger anschließen. Er bleibt auf diese Weise zwar Partei, kann aber weder Geschworene ablehnen, noch Aussetzung der Verhandlung verlangen.[7])

---

[1]) §§ 427, 286.
[2]) § 437.
[3]) § 428.
[4]) § 431.
[5]) § 433.
[6]) § 434.
[7]) § 435.

Schließlich ist noch zu erwähnen, daß sich der Verletzte stets dann, wenn er durch das Verbrechen einen Vermögensschaden erlitten hat, seiner Schadenersatzansprüche wegen dem öffentlichen Strafverfahren als Nebenkläger anschließen darf. Die näheren Bestimmungen darüber treffen die §§ 438—450 des cit. Gesetzes. Unter ihnen ist besonders bemerkenswert, daß der Verletzte zurücktreten und seine Ansprüche im Civilprozeß geltend machen kann, wenn er mit einer Entscheidung, die ohne seinen Antrag oder seine Zustimmung stattgefunden hat, unzufrieden ist (§ 446).

Dänemark.[1])

Eine Behörde, deren alleinige Aufgabe die Strafverfolgung ist, giebt es in Dänemark nicht. Die Anklagefunktion liegt dort in der Hand der höheren Polizeibeamten. Diese haben bei Gericht die Vornahme von Ermittelungen zu beantragen und wenn diese beendet sind, sich zu entschließen, ob die Anklage zu erheben ist oder nicht. Mit der Anklage wird dann ein vom Justizministerium bezeichneter Anwalt betraut, der hierfür besonders honoriert wird.

Im Prinzip müssen alle durch das Gesetz mit Strafe bedrohten Handlungen von Amts wegen verfolgt werden. Dagegen ist bei einer Anzahl von Delikten wie bei Ehebruch, Verführung eines Mädchens im Alter zwischen 12 und 16 Jahren, bei unbedeutenden Diebstählen, wie Genußmittelentwendung, bei leichteren Betrugsfällen und Urkundenfälschungen, und bei Gebrauchsanmaßung die öffentliche Verfolgung durch den Antrag des Verletzten bedingt.[2])

Der prinzipalen Privatklage sind die Vergehen der unerlaubten Selbsthilfe, leichten Körperverletzung, Nötigung, Freiheitsberaubung, Beleidigung und Hausfriedensbruch überlassen.[3])

Die subsidiäre Privatklage soll nach dem neuen dänischen Strafprozeßentwurf dem Verletzten fast im gleichen Umfang gegeben werden, wie es im österreichischen Rechte der Fall ist.

---

[1]) Zu vergl. Nourrisson a. a. O. S. 144, 145; v. Liszt, Das Strafrecht der Staaten Europas S. 219.

[2]) § 298 verbunden mit §§ 159, 174, 175, 235, 236, 254, 278 dänischen Strafgesetzbuchs vom 10. Februar 1866.

[3]) §§ 116, 200, 210, 211, 211, 212, 215—222, 226 Str.G.B.

Schweden.

Nach § 19 Ziff. 1 und 2 der Publikationsverordnung zum schwedischen Strafgesetzbuch vom 16. Februar 1864, das übrigens durch eine Anzahl späterer Gesetze, insbesondere das Gesetz vom 20. Juni 1890 abgeändert und ergänzt worden ist, findet die öffentliche Anklage, die hauptsächlich in der Hand der Polizei liegt, bei allen Delikten statt, deren Verfolgung nicht ausdrücklich dem Privaten überlassen ist, und muß von Amts wegen erhoben werden, ohne daß es vorher einer Anzeige bedarf. Verstößt eine Handlung gegen mehrere Bestimmungen des Strafgesetzbuchs, so findet die öffentliche Klage wegen aller Vergehen statt, auch wegen derjenigen, die sonst der öffentlichen Klage entzogen sind.

Nur auf Antrag des Verletzten oder bestimmter anderer Personen sind verfolgbar: Hausfriedensbruch,[1]) leichte und gefährliche Körperverletzung,[2]) Entführung einer Frau gegen ihren Willen, um sie zur Unzucht oder Ehe zu bringen,[3]) Nötigung,[4]) Beleidigung von Verwandten,[5]) Ehebruch,[6]) Verleitung zur Eheschließung durch Vorspiegelung eines falschen Namens oder bestimmter Eigenschaften oder durch Verheimlichung einer unheilbaren Krankheit bezw. Unfähigkeit zur Ausübung des Beischlafs.[7])

Die prinzipale Privatklage ist in ziemlich weitem Umfange zugelassen. Sie findet statt, wenn es sich handelt um Entführung eines Mädchens unter 15 Jahren mit ihrem Willen, um es zur Unzucht oder Ehe zu bringen,[8]) Bedrohung,[9]) Beleidigung und Verleumdung,[10]) Betrugsfällen verschiedener Art, Unterschlagung, Gebrauchsanmaßung, Eintreiben einer schon bezahlten Schuld und ähnlichen Fällen, Vertrauensmißbrauch bestimmter Art, Funddiebstahl,

---

[1]) Kap. 11 §§ 10—13 des Strafgesetzbuchs v. 16. Febr. 1864.

[2]) Kap. 14 §§ 12, 13, 15, 37 verb. mit § 45.

[3]) Kap. 15 §§ 17, 19.

[4]) Kap. 15 §§ 22, 24.

[5]) Kap. 16 § 12 verb. mit § 15.

[6]) Kap. 17 § 3.

[7]) Kap. 22 § 8 Abs. 1 u. 2 verb. mit § 21.

[8]) Kap. 15 §§ 19, 18. Die Privatklage steht dem Gewalthaber des Mädchens zu und ist, wenn die Ehe geschlossen ist, dadurch bedingt, daß die Ehe für nichtig erklärt worden ist.

[9]) Kap. 15 §§ 23, 24.

[10]) Kap. 16 §§ 7, 8, 9, 11 verb. mit § 20.

Entwendung unter Verwandten, Verletzung des Briefgeheimnisses,[1]) Jagd-, Fischerei-, und Forstvergehen, soweit dadurch nur Privatrechte verletzt sind.[2])

Aus § 19 Ziffer 3 und 4 der Publikationsverordnung ist unseres Erachtens zu schließen, daß dem Verletzten stets dann die subsidiäre Privatklage zusteht, wenn die Anklagebehörde die Verfolgung ablehnt. Denn in § 19 Ziffer 4 wird, trotzdem vorher die Anklagepflicht der Behörde anerkannt war, doch von der Möglichkeit, daß der Verletzte selber die Klage erhoben habe, gesprochen und für diesen Fall bestimmt, daß der Staatsanwalt die Verfolgung aufnehmen und durchführen könne, wenn der Verletzte davon abstehe. Es ist aber nicht denkbar, daß es im Belieben des Verletzten stehen soll, bei Delikten, die nicht der prinzipalen Privatklage überlassen sind, selbständig ohne sich vorher an die Anklagebehörde gewendet zu haben, die Verfolgung zu betreiben. Es scheint vielmehr bei der erwähnten Bestimmung als selbstverständlich vorausgesetzt zu sein, daß ehe der Verletzte die Klage erhob, der Staatsanwalt sie abgelehnt hatte.

Zum Schlusse mag noch darauf hingewiesen werden, daß im Kap. VI des Strafgesetzbuchs die Schadensersatzpflicht des Thäters eingehend geregelt wird. Alle Schädenansprüche, die auf strafbaren Handlungen beruhen, können vor dem Strafrichter geltend gemacht werden.

Finnland.[3])

Nach dem zur Zeit in Finnland geltenden Strafprozeßrechte, das in der Hauptsache noch auf dem schwedischen Gesetzbuch von 1734 beruht,[4]) liegt die Strafverfolgung ebenso wie in Schweden in den Händen von Verwaltungsorganen. Diese sind auf dem

---

[1]) Kap. 22 §§ 2 Ziff. 5, 8 Ziff. 1, 10, 11, 12, 13, 14, 19, 20 verb. mit § 21.

[2]) Kap. 24 §§ 1—5.

[3]) Zu vergl. Frosmann bei von Liszt, Das Strafrecht der Staaten Europas, S. 313ff.; das finnische Strafgesetzbuch vom 19. Dezember 1889, in deutscher Übersetzung als Beilage zu Bd. XI der Zeitschrift für die gesamte Strafrechtswissenschaft.

[4]) Eine neue Strafprozeßordnung, durch welche auch die Staatsanwaltschaft eingeführt werden soll, wird ausgearbeitet und soll dem Landtag von 1903 vorgelegt werden. Ob sie bei der stets zunehmenden Russifizierung des Landes Gesetz werden wird, ist fraglich.

Lande die „länsman“, die dem „kronofogde“ untergeordnet sind, der seinerseits den Gouverneur des betreffenden Gouvernements zum Vorgesetzten hat. In der Stadt liegt die Verfolgung dem Polizeihauptmann (polismaštare) und dem „stadsfiskal“ ob. An den Hofgerichten wird die Untersuchung vom Advokatfiskal angeordnet.

Diese Beamten begnügen sich in der Regel damit, die Untersuchung bei den Gerichten anzuregen und entschließen sich erst, nachdem die gerichtliche Untersuchung beendet ist, darüber, ob und in welcher Weise die Anklage zu erheben sei.

Das am 19. Februar 1894 in Kraft getretene Strafgesetzbuch vom 19. Dezember 1889 bestimmt bei einer großen Reihe von Delikten, daß diese vom öffentlichen Ankläger nicht verfolgt werden dürfen, wenn nicht der Klagsinhaber einen Antrag darauf gestellt habe. Der Klagsinhaber kann aber bei diesen Delikten nicht nur durch seinen Antrag den öffentlichen Ankläger zur Erhebung der Anklage veranlassen, sondern auch selber die Verfolgung in die Hand nehmen.

Es geht dies daraus hervor, daß § 4 Str.G.B. in Abs. 1 bestimmt, es solle das Recht des Klagsinhabers zur Verfolgung oder zum Antrage binnen einem Jahre, von dem Tage ab, an dem er Kenntnis von dem Delikt erhalten, verjähren, und daß nach § 4 Abs. 3 der Klagsinhaber berechtigt sein soll, nicht nur seinen Strafantrag vor der Befassung des Gerichtes mit der Sache zurückzuziehen, sondern auch eine von ihm selbst geweckte Strafverfolgung vor Fällung des Urteils I. Instanz niederzulegen.

Die Antragsdelikte, die der Antragsberechtigte also nach seiner Wahl auch als Privatankläger verfolgen kann, sind in der Hauptsache die folgenden: Verleitung zu einem Ehevertrag,[1]) Ehebruch,[2]) leichte und fahrlässige Körperverletzung,[3]) Hausfriedensbruch, ungesetzliche Haussuchung, Einschlagen von Fenstern, Schießen und Werfen von Gegenständen in Zimmer, Höfe oder Fahrzeuge,[4]) Notzucht, Entführung und ähnliche Angriffe gegen die Frauenehre, Nötigung, Bedrohung,[5]) Verleumdung und Beleidigung,[6]) Ent-

---

[1]) Kap. 18 § 1.
[2]) Kap. 19 §§ 1—3.
[3]) Kap. 21 §§ 11, 12, 14.
[4]) Kap. 24 §§ 1—3, 5.
[5]) Kap. 25 §§ 4—18, 11, 12, 14.
[6]) Kap. 27.

wendung von gemeinschaftlichem Gut,[1]) rechtswidrige Benutzung fremden Bodens und rechtswidriges Jagen und Fischen, soweit sie ein Privatrecht verletzen und keinen Diebstahl darstellen,[2]) Sachbeschädigung, wenn durch sie ein Privatrecht gekränkt wurde,[3]) Untreue und strafbarer Eigennutz,[4]) einige Konkursdelikte,[5]) dauernde Abhaltung des Hausgesindes vom Kirchenbesuch.[6])

Kap. 9 regelt den Ersatz des Schadens, der dem Verletzten durch die strafbare Handlung erwachsen ist und der vor dem Strafrichter eingeklagt werden kann.

Schweiz.[7])

Eine allgemeine, für das ganze Land geltende Strafprozeßordnung giebt es nicht. Die Gesetzgebungen der einzelnen Kantone stimmen jedoch darin überein, daß jede strafbare Handlung von Amts wegen verfolgt werden muß. Die Verfolgung hat in einigen Kantonen eine besondere Anklagebehörde, die Staatsanwaltschaft, zu betreiben, in anderen steht sie den Gemeindeorganen zu.

Der Einfluß des Privaten auf die Strafverfolgung ist in den einzelnen Kantonen verschieden geregelt. Es kommt sowohl die prinzipale als auch die subsidiäre Privatklage vor, auch ist der Anschluß des Verletzten als Nebenanklägers an das öffentliche Strafverfahren nach einigen Gesetzgebungen gestattet. In einzelnen Kantonen besteht sogar noch die Popularklage.

1. Die prinzipale Privatklage kennen Basel-Stadt, Aargau und Zürich. Zulässig ist sie in Zürich bei Ehrverletzungen, in Basel-Stadt und Aargau bei Beleidigungen, leichten Körperverletzungen und geringeren Sachbeschädigungen. Der Privatkläger braucht nicht direkt die Anklage zu erheben, sondern kann vorläufig die Vornahme von Ermittelungen beantragen. Über diesen Antrag befindet der Gerichtspräsident oder bezw. die Anklagekammer

---

[1]) Kap. 30.

[2]) Kap. 33 §§ 1—16.

[3]) Kap. 35.

[4]) Kap. 38 §§ 1—9.

[5]) Kap. 39 §§ 2—7.

[6]) Kap. 1 § 6.

[7]) C. Meyer: Kritische und vergleichende Darstellung der Strafverfolgung und Voruntersuchung nach den kantonalen Gerichtsorganisationen und Strafprozeßordnungen. Leipzig 1897. Nourrisson a. a. O. S. 114.

und ordnet, wenn genügender Verdacht vorhanden, die Untersuchung an.[1]) Nach Schluß der Untersuchung wird dem Privatkläger eine Frist gesetzt, binnen deren er bei Verlust seines Klagrechts die Klage definitiv erheben muß. Wegen der Kosten des Verfahrens einschließlich der Gebühren und Auslagen für Sachverständige und Zeugen hat er Vorschuß zu leisten. Die Durchführung der Klage steht durchaus in seinem Ermessen; der Staatsanwalt hat keinesfalls das Recht, die Verfolgung an seiner Stelle zu übernehmen. Nur in Basel-Stadt ist die Dispositionsfreiheit des Privaten in einigen Punkten beschränkt. Dort muß die Klage, wenn es sich um Schlaghändel, Körperverletzungen oder Eigentumsbeschädigungen handelt, bei der Polizeidirektion angebracht werden. Diese hat dann ex officio eine summarische Voruntersuchung vorzunehmen und die nötigen Sicherungsmaßregeln wie Kautionsabnahme, Verhaftung, Beschlagnahme zu treffen. Nach Schluß der Untersuchung werden die Akten dem Gerichtspräsidenten zur Begutachtung vorgelegt, so daß sich faktisch in diesen Fällen die Privatklage von dem auf Antrag eingeleiteten öffentlichen Verfahren nur noch dadurch unterscheidet, daß der Privatkläger seine Klage in der Hauptverhandlung selbst vertreten muß, widrigenfalls er riskiert, daß seine Klage als „desert" erklärt wird.

2. Die subsidiäre Privatklage ist nur in Zürich, Luzern, Aargau und Tessin bekannt, und ist in Luzern nur bei Polizeidelikten, in den anderen drei Kantonen dagegen unbeschränkt zugelassen. Sie soll[2]) ein Korrektiv der Allgewalt der Staatsanwaltschaft sein. Der Verletzte oder der Geschädigte soll das Recht haben, seinen Anspruch auf Bestrafung des Thäters persönlich durchzuführen, wenn der Staatsanwalt seine Hilfe hierzu versagt. Das Verfahren richtet sich nach den Bestimmungen über das Offizial-Strafverfahren. Der Subsidiärkläger steht an Stelle des Staatsanwalts. Er leitet die Voruntersuchung und kann hierzu gerichtliche und polizeiliche Hilfe in Anspruch nehmen. Er muß aber Vorschuß leisten und kann jeder Zeit vom Staatsanwalt wieder verdrängt werden, wenn dieser, wozu er stets berechtigt ist, die Verfolgung wieder selbst in die Hand nehmen will. In diesem Falle

[1]) Zürich; Gesetz betr. die züricherische Rechtspflege vom 2. Febr. 1874 § 1015

[2]) Zu vergl. art. 73—76 der Tessiner Strafprozeßordnung vom 4. Mai 1895.

scheidet aber der Subsidiärkläger aus dem Verfahren nicht aus, sondern ist berechtigt, an ihm als Nebenkläger teil zu nehmen.

3. Die Rolle eines Nebenklägers fällt dem Verletzten oder Geschädigten in den Kantonen Appenzell a. Rh., Schwyz, Obwalden, Luzern und Zug auch dann zu, wenn auf seinen bei dem Amtsstatthalter, dem Staatsanwalt oder der Kriminalkammer des Obergerichts gestellten Antrag die Untersuchung eröffnet worden ist. Der Antrag, oder wie es auch irreführend heißt, die Klage, kann abgelehnt werden. Dann steht dem Antragsteller (Kläger) die Beschwerde an die vorgesetzte Behörde oder bez. die Anklagekammer offen. Wird aber dem Antrag stattgegeben, und die Untersuchung eröffnet, so wird zugleich damit der Staatsanwalt mit der Sache befaßt. Der Verletzte wird Nebenpartei und kann als solche nicht nur seine Schädenansprüche vor dem Strafrichter geltend machen, sondern auch neben dem Staatsanwalt die Bestrafung des Thäters beantragen. Er hat das Recht, die Akten einzusehen und zu verlangen, daß er als Zeuge vernommen werde; auch stehen ihm dieselben Rechtsmittel wie dem Staatsanwalte zu, jedoch mit der Beschränkung, daß er gegen das Strafmaß nicht appellieren kann.

Während hier der Nebenkläger, wenn er auch gleichzeitig seine civilrechtlichen Ansprüche verfolgen kann, doch als reiner Strafkläger aufgefaßt werden muß, da seine Thätigkeit direkt darauf gerichtet ist, die Bestrafung des Angeklagten herbeizuführen, so trifft diese Auffassung, bei dem Nebenkläger der romanischen Teile der Schweiz nicht zu. Dort gleicht der Nebenkläger mehr der partie civile des französischen oder der parte civile des italienischen Rechtes, der sich nur seiner civilrechtlichen Ansprüche wegen dem Strafverfahren anschließen kann und vorher das Vorhandensein eines Vermögensschadens nachweisen muß. So Wallis, Freiburg, Genf, Neuenburg, Tessin. Doch werden die civil- und strafrechtlichen Befugnisse des Nebenklägers nicht immer scharf auseinander gehalten, und es scheinen z. B. Bern, Solothurn, Zürich, Schaffhausen der Civilpartei doch auch das strafrechtliche Verfolgungsrecht zuzugestehen.

4. In den Kantonen Appenzell a. Rh., Ob- und Nidwalden, Luzern und Schwyz kann nicht nur der Geschädigte, sondern jeder Beliebige, mag er durch die That betroffen sein oder nicht, die Bestrafung des Thäters durch förmliche Klage verlangen. Diese Klage, von Meyer Popularklage genant, ist eigentlich weiter nichts als der unter 3 geschilderte Antrag nur mit dem Unterschiede, daß

dieser hier nicht dem Verletzten, sondern jedem beliebigen dritten zusteht. Denn auch hier kann der Kläger seine Klage nicht durchführen, sondern muß abwarten, ob auf die Klage hin die Untersuchung eröffnet wird. Geschieht dies nicht, so ist seine Thätigkeit als Strafkläger zu Ende und er ist seiner Schädenansprüche wegen auf den Weg des Civilprozesses verwiesen. Wird die Untersuchung eröffnet, so übernimmt der Staat damit die Verfolgung, und der Kläger sinkt in die Stellung des Nebenklägers herab.

Freilich soll in den genannten Kantonen dieser Rechtszustand häufig verkannt und der sogenannte Popularkläger als richtiger Privatkläger aufgefaßt werden, dessen Klage nicht von vornherein abgewiesen werden darf.

Es mag dies mit darauf beruhen, daß eine Staatsanwaltschaft in Appenzell ganz und in Obwalden, Nidwalden und Graubünden so gut wie unbekannt ist. Die Handhabung der öffentlichen Anklage liegt dort in den Händen der Polizei und anderer Verwaltungsorgane.

Rußland.[1])

Abgesehen von den Ostseeprovinzen, Polen und dem Kaukasus, die ihre besonderen Organisationen haben, läßt sich Rußland bezüglich der Gerichtsverfassung in drei Gebiete teilen, nämlich: die Provinzen, in denen eine Reform auf dem Gebiete der Gerichtsverfassung überhaupt nicht stattgefunden hat, die Landesteile, in denen die Gerichtsordnungen von 1864 eingeführt sind, und schließlich von diesen diejenigen Gebiete, wo die Gerichtsordnungen durch das Gesetz vom Jahre 1889 abgeändert worden sind.

Durch die Gerichtsorganisation von 1864 ist in dem weitaus größten Teile Rußlands der Inquisitionsprozeß beseitigt und das Anklageprinzip eingeführt worden. Man hat eine staatsanwaltschaftliche Behörde geschaffen, die streng hierarchisch gegliedert unter dem Minister der Justiz als dem General-Prokurator steht, und deren Aufgabe es ist, die Anklage vor den höheren Gerichten durchzuführen. Bei bestimmten Verbrechen kann jedoch auch hier der Staatsanwalt nur auf vorherigen Antrag eines Privaten in Aktion treten.

---

[1]) Zu vergl. Foinitzki bei v. Liszt: Das Strafrecht der Staaten Europas S. 308ff.; Rouxisson a. a. O. S. 118, 119.

Der prinzipalen Privatklage sind die geringeren, zur Zuständigkeit des Friedensrichters als unterster Gerichtsbehörde gehörigen Vergehen überlassen.

Deutschland.[1])

Dem deutschen Strafprozeßrecht ist die subsidiäre Privatklage und das Recht des Verletzten, seine civilen Schadenersatzansprüche im Strafverfahren zu erheben, fremd. Es kennt nur die prinzipale Privatklage in ziemlich beschränktem Umfange, gewährt dem Verletzten in manchen Fällen das Recht, sich dem öffentlichen Verfahren als Nebenkläger anzuschließen, und gestattet ihm, sei er Privatkläger oder Nebenkläger, da, wo ihm das materielle Recht einen Anspruch auf Buße gewährt, diesen Anspruch vor dem Strafrichter geltend zu machen. Trotzdem bleibt er als Nebenkläger stets reiner Strafkläger, der nicht Schadenersatz fordert, sondern neben dem Staatsanwalt die Bestrafung des Thäters erstrebt.

Gegenstand der Privatklage.

Die prinzipale Privatklage ist zulässig bei den auf Antrag verfolgbaren Beleidigungen und Körperverletzungen[2]) (§ 414 Str.P.O.) und bei den Vergehen gegen das Gesetz zur Bekämpfung des unlauteren Wettbewerbes vom 27. Mai 1896, soweit diese nur auf Antrag verfolgt werden können.[3])

---

[1]) Abkürzungen:
Str.P.O. = Strafprozeßordnung vom 1. Februar 1877,
Str.G.B. = Strafgesetzbuch vom 15. Mai 1871,
C.P.O. = Civilprozeßordnung vom 30. Januar 1877, in der Fassung vom 17. Mai 1898.
G.V.G. = Gerichtsverfassungsgesetz vom 27. Januar 1877, in der Fassung vom 17. Mai 1898.
Die §§ ohne nähere Bezeichnung sind die der Strafprozeßordnung.

[2]) Es sind: einfache und verleumderische Beleidigung, Verbreitung unwahrer Thatsachen, Beschimpfung des Andenkens Verstorbener (§§ 185—187, 189, verbunden mit § 194 Str.G.B.), die leichten vorsätzlichen und alle fahrlässigen Körperverletzungen, sofern der Thäter nicht zugleich eine Amts-, Berufs- oder Gewerbepflicht verletzt hat (§§ 223, 230 Abs. 1, 232 Str.G.B.).

[3]) Es sind dies:
a) wissentliche Verbreitung unwahrer und zur Irreführung geeigneter Thatsachen über Beschaffenheit, Herstellungsart, Preisbemessung von Waren oder gewerblichen Leistungen, Art des Bezugs, Bezugsquelle von Waren, Besitz von Auszeichnungen, Anlaß oder Zweck des Verkaufs in der Absicht, den Anschein eines besonders günstigen Angebots hervorzurufen, in öffentlichen

Der Privatklageberechtigte.

Berechtigt zur Erhebung der Anklage ist zunächst der durch eine der erwähnten strafbaren Handlungen unmittelbar Verletzte. Als solcher gilt im Falle des § 4 des Gesetzes vom 27. Mai 1896 jeder Konkurrent, d. h. jeder Gewerbetreibende, der Waren oder Leistungen ähnlicher oder gleicher Art herstellt oder in den geschäftlichen Verkehr bringt. Zu den direkt Verletzten gehören die Eltern, Kinder und der Ehegatte des Verstorbenen, dessen Andenken beschimpft wird (§ 189 Abs. 3 Str.G.B.).

In bestimmten Fällen können neben dem Verletzten und unabhängig von diesem noch andere, die durch die strafbare Handlung mittelbar betroffen sind, Privatklage erheben. Es sind dies im speziellen Fall des § 4 des Gesetzes vom 27. Mai 1896 Verbände zur Förderung gewerblicher Interessen, soweit sie im Civilprozeß als Parteien auftreten können, und im allgemeinen alle diejenigen, welche nach dem materiellen Strafrecht befugt sind, neben dem direkt Betroffenen Strafantrag zu stellen.[1])

Diese Befugnis haben Ehemänner und Väter, wenn ihre Ehefrauen und bezw. die unter ihrer väterlichen Gewalt stehenden Kinder beleidigt oder mißhandelt werden; ferner: amtliche Vorgesetzte von Beamten, Religionsdienern oder Mitgliedern der bewaffneten Macht, wenn diese in Ausübung ihres Berufes oder in Beziehung auf denselben in der erwähnten Weise angegriffen werden;[2]) schließlich der gesetzliche Vertreter eines über 18 Jahre

---

Bekanntmachungen oder für einen größeren Kreis von Personen bestimmten Mitteilungen (§ 4);

b) Aufstellung und Verbreitung unwahrer Thatsachen wider besseres Wissen über das Erwerbsgeschäft eines anderen, die Person des Inhabers oder Leiters eines Geschäftes, Waren oder gewerbliche Leistungen eines anderen, wenn sie geeignet sind, den Betrieb des Geschäftes zu schädigen (§ 7);

c) Verrat von Geschäfts- oder Betriebsgeheimnissen durch den Angestellten, Arbeiter oder Lehrling eines Geschäftsbetriebes, dem die Geheimnisse vermöge des Dienstverhältnisses anvertraut gewesen oder sonst zugänglich geworden sind, wenn er unbefugter Weise während des Dienstverhältnisses zum Zwecke des Wettbewerbes oder in Schädigungsabsicht erfolgt;

sowie die Verwertung oder Weiterverbreitung von Geschäfts- und Betriebsgeheimnissen, von denen man durch eine Mitteilung obiger Art oder durch eine gegen die guten Sitten verstoßende Handlung Kenntnis erhalten hat, zum Zwecke des Wettbewerbs (§ 9).

[1]) § 414 Abs. 2 Str.P.O.

[2]) §§ 195, 196, 232 Abs. 1 u. 2 Str.G.B.

alten Minderjährigen.[1]) Hat indessen einer von mehreren Berechtigten die Privatklage erhoben, so können die übrigen nicht selbständig klagen, sondern nur dem eingeleiteten Verfahren in der Lage, in der es sich befindet, beitreten, und dies auch nur dann, wenn die dreimonatige Antragsfrist, die für jeden besonders von dem Tage an läuft, an dem er Kenntnis von der Handlung und Person des Thäters erhalten hat, noch nicht verstrichen ist.[2]) Die in dem Prozesse ergangenen Entscheidungen wirken zu Gunsten des Beschuldigten auch gegen die Berechtigten, welche dem Verfahren nicht beigetreten sind.[3]) Dagegen lebt dann, wenn der Privatkläger die Klage zurückgenommen oder sich mit dem Angeklagten verglichen hat, das selbständige Klagerecht der Berechtigten, die dem Verfahren nicht beigetreten waren, wieder auf, sofern die Antragsfrist noch nicht abgelaufen ist.

Hat der Verletzte einen gesetzlichen Vertreter, so kann nur dieser an Stelle des Verletzten und nicht der Verletzte selbst die Privatklage erheben.[4]) Gleichgültig ist, ob der Verletzte handlungsunfähig oder in seiner Handlungsfähigkeit nur beschränkt ist. Auch kommt es nicht darauf an, aus welchem Grunde er einen gesetzlichen Vertreter hat. Er mag wegen jugendlichen Alters, Geisteskrankheit, Gebrechlichkeit, Taubstummheit oder Verschwendung unter Vormundschaft stehen, stets ist nur sein Vormund oder bezw. bei minderjährigen Hauskindern der Vater zur Erhebung der Privatklage berechtigt.

Dadurch, daß das Recht, den Strafantrag zu stellen, nicht analog diesen Bestimmungen über das Recht zur Erhebung der Privatklage geregelt ist, ergeben sich einige Komplikationen.

Bei bevormundeten Geisteskranken und Taubstummen soll zwar ebenfalls ausschließlich deren gesetzlicher Vertreter zur Stellung des Strafantrages berechtigt sein;[5]) dagegen ist über Verschwender und Gebrechliche nichts gesagt, und in betreff des Minderjährigen wird bestimmt,[6]) daß dieser, wenn er das 18. Lebensjahr vollendet hat, selbständig den Strafantrag stellen kann. Hiernach vereinigt

---

[1]) § 65 Abs. 2 Str.G B.

[2]) § 61 Str.G.B.

[3]) § 415 Str.P.O.

[4]) § 414 Abs. 3 Str.P.O.

[5]) § 65 Abs. 3 Str.G.B.

[6]) § 65 Abs. 1 u. 2 Str.G.B.

sich bei Geisteskranken, Taubstummen uud Minderjährigen unter 18 Jahren das Recht, Strafantrag zu stellen und das Recht, Privatklage zu erheben, in der Person des gesetzlichen Vertreters. Dieser handelt in beiden Fällen selbständig, aber im Namen des Vertretenen.

Bei Minderjährigen über 18 Jahren sind folgende Fälle möglich:

Entweder stellt der gesetzliche Vertreter (Vater oder Vormund) ohne oder mit Zustimmung des Verletzten in dessen Namen Strafantrag und erhebt Privatklage,

oder er thut beides im eigenen Namen,[1])

oder er erhebt Privatklage, sei es im eigenen, sei es in des Verletzten Namen auf Grund eines von diesem selbst gestellten Strafantrages,

oder er verweigert die Anklage, obgleich der Verletzte den Strafantrag selbst gestellt hat. In diesem Falle hat der Strafantrag, wenn nicht etwa ein öffentliches Interesse vorliegt und die Staatsanwaltschaft die Verfolgung übernimmt, nur die Wirkung, daß er die Präklusivfrist des § 61 Str.G.B. unterbricht und damit die Frist für Erhebung der Privatklage bis zum Ablauf der Verjährungsfrist, also wohl fast stets so lange ausdehnt, bis der Minderjährige mündig geworden ist.

Der entmündigte Verschwender sowie der Gebrechliche hat das Recht, den Strafantrag selbst zu stellen, da die Vormundschaft über diese Personen nur eine vermögensrechtliche ist und ihre persönlichen Rechte nicht berührt. Dagegen können sie nach der klaren Bestimmung in § 414 Abs. 3 Str.P.O. nicht selbständig klagen, befinden sich also in derselben Lage, wie der Minderjährige über 18 Jahre. Der gesetzliche Vertreter hat hier aber nicht etwa das Recht, im eigenen Namen Strafantrag zu stellen. Seine Befugnis zur Privatklage ist vielmehr auf den Fall beschränkt, daß der Entmündigte selbst Strafantrag gestellt hat.

Korporationen, Gesellschaften und andere Personenvereine, welche im Civilprozeß parteifähig sind, erheben, wenn sie beleidigt sind, Privatklage durch den, der sie im Civilprozeß zu vertreten befugt ist.[2])

Dem Privatkläger ist es ebenso wie dem Angeklagten gestattet, sich eines Rechtsanwaltes als Beistand zu bedienen oder sich durch

---

[1]) S. oben, da er auch neben dem Verletzten Privatklage erheben kann.

[2]) § 414 Abs. 2.

einen Rechtsanwalt vertreten zu lassen. Dieser muß mit einer schriftlichen Vollmacht versehen sein, kann aber mit Zustimmung des Privatklägers die Vertretung einem Rechtskundigen übertragen, der die erste Prüfung für den Justizdienst bestanden und in diesem seit mindestens 2 Jahren beschäftigt ist.[1]) Das Gericht kann jederzeit das persönliche Erscheinen sowohl des Privatklägers als des Angeklagten anordnen.[2]) Leistet der Privatkläger der Anordnung nicht Folge, so gilt seine Klage als zurückgenommen.[3]) Der nicht erschienene Angeklagte kann vorgeführt, aber nicht verhaftet werden.[4]) Ist der Privatkläger durch einen Anwalt vertreten, so können die Zustellungen an diesen mit rechtlicher Wirkung für den Privatkläger erfolgen.[5]) Dem Angeklagten muß dagegen persönlich zugestellt werden. Ist z. B. bei Verkündung des Urteils der Angeklagte nicht, sondern nur sein Vertreter zugegen gewesen, so läuft die Frist zur Einlegung des Rechtsmittels erst von dem Tage ab, an dem ihm selbst das Urteil zugestellt worden ist.[6])

Verhältnis der Staatsanwaltschaft zum Privatkläger.

Die Staatsanwaltschaft ist befugt, sobald sie es als im öffentlichen Interesse liegend erachtet, nicht nur die öffentliche Klage zu erheben, sondern auch, nachdem Privatklage bereits erhoben, in jeder Lage des Verfahrens die Verfolgung zu übernehmen. Es muß dies durch eine ausdrückliche Erklärung geschehen, die in der Einlegung eines Rechtsmittels genügend zum Ausdruck kommt.[7]) Mit der Übernahme der Verfolgung durch die Staatsanwaltschaft wird der Privatkläger ohne weiteres Nebenkläger.[8])

Der Staatsanwaltschaft ist jede Privatklage zur Kenntnisnahme vorzulegen[9]) und der Termin zur Hauptverhandlung bekannt zu machen.[10]) Auch muß ihr, wenn das Verfahren eingestellt

---

[1]) §§ 418, 427 Abs. 1, 2 Str.P.O.
[2]) § 427 Abs. 3 Str.P.O.
[3]) § 431 Abs. 1.
[4]) § 427 Abs. 3.
[5]) § 418.
[6]) § 355 Abs. 2.
[7]) §§ 416, 417 Abs. 2.
[8]) § 417 Abs. 3.
[9]) § 422.
[10]) § 417 Abs. 1.

worden ist, weil die strafbare Handlung kein Privatklagedelikt war, Kenntnis von den stattgehabten Verhandlungen gegeben werden, damit sie sich über Erhebung der öffentlichen Klage schlüssig machen kann.[1])

Der Privatkläger tritt im allgemeinen im Privatklageverfahren insoweit an die Stelle des Staatsanwaltes, als dieser im öffentlichen Verfahren zuzuziehen und zu hören ist. Es müssen ihm insbesondere alle Entscheidungen bekannt gemacht werden, die sonst dem Staatsanwalt bekannt zu geben sind.[2]) Er hat dieselben Rechtsmittel wie dieser und kann unter den gleichen Voraussetzungen, wie es diesem gestattet ist,[3]) die Wiederaufnahme des Verfahrens zu Ungunsten des Angeklagten herbeiführen. Er kann ebenfalls Richter und Sachverständige wegen Befangenheit ablehnen,[4]) und es haben auch die von ihm eingelegten Rechtsmittel die Wirkung, daß das angefochtene Urteil auch zu Gunsten des Angeklagten abgeändert werden kann.[5]) Dagegen kann er nicht persönlich, sondern nur durch seinen Anwalt die Akten einsehen,[6]) und es müssen seine Revisionsanträge und Anträge auf Wiederaufnahme des Verfahrens von einem Rechtsanwalt unterzeichnet sein.[7])

Verfahren.

Dem Privatklageverfahren muß, sofern es sich nur um Beleidigungen handelt, ein Sühneversuch vorangehen, der vor einer Vergleichsbehörde, deren Bestimmung den Landesjustizverwaltungen der einzelnen Bundesstaaten überlassen ist, stattzufinden hat. Dieses Sühneversuchs bedarf es nicht, wenn die Parteien in verschiedenen Gemeindebezirken wohnen, oder wenn es sich um Beamtenbeleidigung handelt.[8])

Unter den gleichen Voraussetzungen, wie der Kläger im Civilprozeß, hat der Privatkläger für die der Staatskasse und dem Beschuldigten voraussichtlich erwachsenden Kosten Sicherheit zu

---

[1]) § 429 Abs. 2
[2]) § 425 Abs. 1.
[3]) § 402.
[4]) §§ 24 Abs. 3, 74 Abs. 2.
[5]) § 430 Abs. 1, verbunden mit § 343.
[6]) § 425 Abs. 4.
[7]) § 430 Abs. 2.
[8]) § 420 Str.P.O., verbunden mit § 196 Str.G.B.

leisten,[1]) die in barem Gelde oder durch Hinterlegung von Wertpapieren zu bewirken ist, und deren Höhe von dem Gericht nach freiem Ermessen bestimmt wird.[2]) Diese Pflicht zur Sicherheitsleistung liegt dem Privatkläger ob, wenn er Ausländer ist oder es im Laufe des Prozesses wird, es müßte denn sein, daß in dem Staate, dem er angehört, der Deutsche Sicherheit nicht zu leisten braucht.[3]) Das Gericht bestimmt eine Frist, binnen deren die Sicherheitsleistung zu geschehen hat. Ist die Frist abgelaufen, ohne daß Sicherheit geleistet ist, so muß auf Antrag des Gegners die Privatklage für zurückgenommen erklärt, oder, wenn es sich um ein Rechtsmittel handelt, dieses verworfen werden.[4]) Wann und unter welchen Voraussetzungen dem Privatkläger das Armenrecht zu gewähren sei, richtet sich ebenfalls nach den Vorschriften der Civilprozeßordnung.[5])

Die **Erhebung der Privatklage** geschieht entweder durch Erklärung zu Protokoll des Gerichtsschreibers oder durch Einreichung einer Anklageschrift, der je eine Abschrift für den Beschuldigten und die Staatsanwaltschaft beizufügen ist. Die Anklageschrift muß ebenso wie die öffentliche die dem Beschuldigten zur Last gelegte That schildern und das Gericht, vor dem die Hauptverhandlung stattfinden soll, bezeichnen, auch die Strafbarkeitsmerkmale der That und das verletzte Strafgesetz angeben.[6]) Zuständig für die Verhandlung ist stets das Schöffengericht.[7]) Übernimmt die Staatsanwaltschaft die Verfolgung, so fällt die Zuständigkeit des Schöffengerichts weg. Dieses hat das Verfahren, wenn es bereits eröffnet war, durch Urteil einzustellen.[8]) Die Klage ist von neuem durch die Staatsanwaltschaft bei dem Landgericht einzubringen, welches indessen in leichteren Fällen die Sache zur Verhandlung und Entscheidung wieder dem Schöffengericht überweisen kann.[9])

---

[1]) § 419.

[2]) § 419 Str.P.O., verbunden mit § 112 C.P.O.

[3]) §§ 110, 111 C.P.O.

[4]) § 113 C.P.O.

[5]) §§ 114—127 C.P.O.

[6]) §§ 421, 198 Str.P.O.

[7]) §§ 27 Nr. 3 G.V.G.

[8]) § 429 Str.P.O.

[9]) § 75 G.V.G.

Die erhobene Klage hat der Amtsrichter dem Beschuldigten zu übermitteln und ihm hierbei eine Frist zur Erklärung zu bestimmen,[1]) deren Versäumung jedoch keine Rechtsnachteile für ihn hat. Wenn die Frist abgelaufen oder eine Erklärung des Beschuldigten eingegangen ist, hat sich der Amtsrichter zu entscheiden, ob die Klage ohne weiteres zurückzuweisen oder das Hauptverfahren zu eröffnen ist. Hierbei kommen die Vorschriften über das Offizialstrafverfahren zur Anwendung.[2]) Hervorzuheben ist, daß der Amtsrichter vor seiner Entschließung Beweis erheben und insbesondere die vom Privatkläger oder dem Beschuldigten benannten Zeugen vernehmen und sich dadurch in den Stand setzen kann, unbegründete Privatklagen abzuweisen oder einer Belastung der Hauptverhandlung mit unnötigen Zeugenvernehmungen vorzubeugen. In der Praxis wird von dieser Befugnis jedoch selten Gebrauch gemacht, weil die für diese Vorerörterungen aufgewendete Mühe im allgemeinen nicht den gewünschten Erfolg der Geschäftserleichterung hat. Denn erfahrungsgemäß werden die meisten Privatklagen in der Hauptverhandlung durch Vergleich beigelegt, so daß sich die Zeugenvernehmungen entweder ganz oder teilweise so wie so erledigen.

Auch das weitere Verfahren, sowie die Zustellung der Berufungs- und Revisionsschriften an den Angeklagten,[3]) richtet sich nach den Vorschriften über das Offizial-Strafverfahren.[4]) Als abweichend von diesen ist nur hervorzuheben, daß eine Privatklage niemals mit einer Schwurgerichtssache verbunden werden kann,[5]) daß die auf Anordnung des Gerichts ergehenden Ladungen nicht durch die Staatsanwaltschaft, sondern vom Gerichtsschreiber bewirkt werden,[6]) daß nicht nur zwischen der Ladung des Angeklagten, sondern auch zwischen der des Privatklägers zur Hauptverhandlung und dem Tage derselben eine Frist von mindestens einer Woche liegen muß[7]) und daß der Privatkläger ebenso wie der Angeklagte das Recht hat, unmittelbar Zeugen zu laden, wenn das Gericht, dem die Bestimmung der zu ladenden Zeugen und Sach-

---

[1]) § 422.

[2]) § 423, verbunden mit §§ 200, 201, 202, 204, 205, 209, 210.

[3]) Ebenso umgekehrt die Zustellungen dieser Schriften an den Privatkläger.

[4]) § 424 Abs. 1

[5]) § 424 Abs. 2.

[6]) §§ 425 Abs. 2, 430 Abs. 3.

[7]) § 425 Abs. 3.

verständigen nach freiem Ermessen überlassen ist, den Antrag des Privatklägers auf Ladung von Zeugen ablehnt.[1]) Eine weitere Abweichung von dem Offizialverfahren liegt auch darin, daß es dem Angeklagten gestattet ist, bis zur Beendigung der Schlußanträge Widerklage zu erheben wegen Beleidigungen und Körperverletzungen, deren sich der Kläger ihm gegenüber schuldig gemacht hat.[2]) Diese wechselseitigen Beleidigungen und Körperverletzungen brauchen nicht unmittelbar aufeinander gefolgt sein oder in ursächlichem Zusammenhange stehen. Es ist nicht einmal erforderlich, daß die den Gegenstand der Widerklage bildende Handlung binnen drei Monaten, nachdem der Widerkläger von ihr Kenntnis erhalten, im Wege der Widerklage geltend gemacht wird. Es genügt, daß zu dieser Zeit die Verjährungsfrist (5 Jahre) noch nicht verstrichen ist.[3]) Andererseits geht die Befugnis zur Stellung des Strafantrags und damit zur Erhebung der Privatklage verloren, wenn der Verletzte imstande gewesen ist, in einem von seinem Gegner wider ihn anhängig gemachten Privatklageverfahren die ihm zugefügte Beleidigung oder Körperverletzung widerklageweise geltend zu machen und dies nicht gethan hat.[4]) Die Entscheidung über die Widerklage hat gleichzeitig mit der über die Klage zu erfolgen und muß gefällt werden, auch wenn die Privatklage zurückgenommen wird.[5])

Das Verfahren wird **beendet** durch Urteil, Zurücknahme der Klage oder Tod des Privatklägers.

Das Urteil entscheidet entweder materiell über die Strafbarkeit des Thäters, oder es verfügt die Einstellung des Verfahrens, wenn es sich nach Beginn der Verhandlung herausstellt, daß die unter Anklage gestellte That der Verfolgung durch Privatklage überhaupt nicht unterliegt.[6])

Die Zurücknahme der Klage ist zulässig bis zur Verkündung des Urteils erster oder wenn zulässige Berufung eingelegt ist, zweiter Instanz.[7]) Die Klage gilt als zurückgenommen, wenn der Privat-

[1]) §§ 426, 219.
[2]) § 428.
[3]) § 198 Str.G.B.
[4]) §§ 198, 232 Str.G.B.
[5]) § 428 Abs. 2 u. 3.
[6]) § 429.
[7]) § 431 Abs. 1.

kläger in der Hauptverhandlung weder erscheint, noch durch einen Anwalt vertreten ist, oder wenn in der Hauptverhandlung oder einem andern Termin zwar sein Bevollmächtigter zugegen ist, er selbst aber ausbleibt, obgleich das Gericht sein persönliches Erscheinen angeordnet hatte, oder wenn er eine Frist nicht einhält, die ihm unter Androhung der Einstellung des Verfahrens gestellt war.[1]) Macht sich der Privatkläger einer derartigen Säumnis in der Berufungsinstanz, die er selber angerufen hat, schuldig, so wird entweder seine Berufung sofort durch Urteil verworfen, oder, wenn es die Sachlage erfordert, das erste Urteil zu Gunsten des Angeklagten abgeändert.[2]) Hat der Angeklagte die Berufung eingelegt, so gilt die Säumnis des Privatklägers, so wie in der ersten Instanz als Zurücknahme der Privatklage und es ist das Verfahren durch Beschluß einzustellen.[3]) Der Privatkläger kann Wiedereinsetzung in den vorigen Stand verlangen, wenn er durch Naturereignisse oder andere unabwendbare Zufälle an Einhaltung der Frist verhindert war. Als ein solcher Zufall ist es anzusehen, wenn der Privatkläger ohne Verschulden von einer Zustellung keine Kenntnis erlangt hat.[4])

Die zurückgenommene Privatklage kann nicht nochmals erhoben werden.[5]) Das Recht der selbständigen Klageerhebung durch diejenigen, welche neben dem Kläger zur Erhebung der Klage berechtigt waren, sich aber dem Verfahren nicht angeschlossen hatten, wird hierdurch nicht berührt.

Ist der Privatkläger gestorben, so muß das Verfahren eingestellt werden.[6]) Jedoch können die Eltern, Kinder oder der Ehegatte des Verstorbenen die Klage fortsetzen, wenn es sich um verleumderische Beleidigung, mit Ausnahme der Kreditgefährdung, handelt; müssen aber bei Verlust des Rechts dies binnen zwei Monaten nach dem Tode des Privatklägers dem Gerichte schriftlich anzeigen.[7]) Von der Zurücknahme der Privatklage, dem Tode des

[1]) § 431 Abs. 2.

[2]) § 431 Abs. 3, verbunden mit § 343.

[3]) § 431 Abs. 2 u. 3.

[4]) §§ 431 Abs. 3, 44.

[5]) § 432.

[6]) § 433 Abs. 1.

[7]) § 433 Abs. 2.

Privatklägers und der Fortsetzung des Verfahrens hat das Gericht dem Beschuldigten Mitteilung zu machen.[1])

Die Kosten des Verfahrens treffen, wenn der Angeklagte verurteilt ist, diesen, in allen anderen Fällen, mag der Angeklagte außer Verfolgung gesetzt oder freigesprochen, oder mag gegen ihn das Verfahren eingestellt worden sein, den Privatkläger. Die Kosten können auch zwischen beiden angemessen verteilt werden, wenn die Klage und Widerklage Erfolg gehabt haben. Zu den Kosten gehören die notwendigen Auslagen, die dem einen oder andern Teil erwachsen sind und zu diesen sind stets die durch Annahme eines Rechtsanwalts entstandenen zu rechnen, soweit sie nach § 91 C.P.O. erstattungsfähig sind.[2])

2. Die Nebenklage. In weit größerem Umfange als die Privatklage steht dem Verletzten das Recht zu, sich dem öffentlichen Verfahren als Nebenkläger anzuschließen. Abgesehen von den hier nicht interessierenden Fällen, in denen einer Behörde diese Befugnis zusteht,[3]) ist hierzu berechtigt zunächst jeder Privatklageberechtigte, wenn die Verfolgung im öffentlichen Interesse von der Staatsanwaltschaft übernommen worden ist. Ferner jeder, der durch Antrag auf gerichtliche Entscheidung, gemäß § 171 Str.P.O. die öffentliche Verfolgung einer gegen sein Leben, seine Gesundheit, seine Freiheit, seinen Personenstand oder seine Vermögensrechte gerichteten Handlung herbeigeführt hat und schließlich jeder, der berechtigt ist, Buße zu fordern.[4])

Buße kann bei jeder Körperverletzung, bei allen der Privatklage vorbehaltenen Delikten des unlauteren Wettbewerbs[5]) und bei Beleidigungen dann verlangt werden, wenn diese nachteilige Folgen für die Vermögensverhältnisse, den Erwerb oder das Fortkommen des Verletzten gehabt haben.[6]) Ferner ist berechtigt, Buße zu beanspruchen, wer geschädigt ist durch Nachdruck von Schriftwerken, Abbildungen, musikalischen Kompositionen und dramatischen Werken,[7])

---

[1]) § 433 Abs. 2.

[2]) § 503.

[3]) § 467.

[4]) §§ 435, 443.

[5]) § 12 des Ges. zur Bekämpfung des unlauteren Wettbewerbs vom 27. Mai 1896.

[6]) §§ 188, 231 Str.G.B.

[7]) §§ 18, 43, 45 des Ges. betr. das Urheberrecht an Schriftwerken ꝛc. vom 11. Juni 1870.

durch unbefugte Nachbildung von Werken der bildenden Künste,[1]) Photographieen,[2]) Geschmacksmuster,[3]) durch Verletzung des Schutzes seiner Gebrauchsmuster,[4]) seiner Patente[5]) oder seiner Warenzeichen.[6]) Wer Buße beansprucht, kann dies, falls er nicht Privatkläger ist, nur durch Anschluß an das Offizialverfahren thun.[7])

Die Anschlußerklärung muß bei dem Gericht schriftlich erklärt werden.[8]) Es kann dies in jeder Lage des Verfahrens auch nach Verkündung des Urteils zum Zwecke der Einlegung eines Rechtsmittels geschehen.[9]) Über die Berechtigung des Anschlusses entscheidet das Gericht nach Gehör der Staatsanwaltschaft.[10])

Soweit es sich mit seiner Stellung als Nebenpartei verträgt, hat der Nebenkläger die Rechte und Pflichten des Privatklägers.[11]) So hat er insbesondere das Recht, unabhängig von der Staatsanwaltschaft Rechtsmittel einzulegen. Der weitere Betrieb der Sache fällt selbstverständlich auch dann, wenn die vom Nebenkläger angefochtene Entscheidung aufgehoben wird, wieder der Staatsanwaltschaft zu.[12]) Er ist gleich dem Privatkläger zur Ablehnung von Richtern und Sachverständigen berechtigt und muß ebenso wie dieser, zu dem Verfahren zugezogen werden. Doch soll durch seinen Anschluß das Verfahren nicht aufgehalten werden. Deshalb finden die bereits angesetzten Termine auch statt, wenn er wegen der Kürze der Zeit nicht mehr geladen oder benachrichtigt werden konnte.[13]) Aus demselben Grunde brauchen ihm auch nicht Entscheidungen bekannt gemacht zu werden, die vor seinem Anschluß ergangen und bereits der Staatsanwalt-

[1]) § 16 des Ges. betr. das Urheberrecht an Werken der bildenden Künste vom 9. Januar 1871.

[2]) § 9 des Ges. betr. das Urheberrecht an Photographieen v. 10. Januar 1876.

[3]) § 14 des Musterschutzgesetzes vom 11. Januar 1871.

[4]) § 11 des Ges. betr. den Schutz der Gebrauchsmuster v. 1. Juni 1891.

[5]) § 37 des Patentgesetzes vom 7. April 1891.

[6]) § 18 des Ges. zum Schutze der Warenbezeichnungen vom 12. Mai 1894.

[7]) § 443 Abs. 2 Str.P.O.

[8]) § 436 Abs. 1.

[9]) § 435 Abs. 1.

[10]) § 436 Abs. 2.

[11]) § 437 Abs. 1.

[12]) § 441.

[13]) § 438.

schaft mitgeteilt worden sind. Auch kann er solche Entscheidungen nicht mehr anfechten, wenn für die Staatsanwaltschaft die Anfechtungsfrist abgelaufen ist.[1]) Deswegen ist sein Erscheinen in der Hauptverhandlung weder nötig, noch kann aus seinem Ausbleiben gefolgert werden, daß er den Anschluß zurückgezogen habe. In diesem Falle ist das Urteil, wenn auch kein Vertreter von ihm anwesend war, ihm persönlich zuzustellen,[2]) während sonst auch für ihn die Regel gilt,[3]) daß alle Zustellungen mit rechtlicher Wirkung an den Anwalt erfolgen können.

Die Anschlußerklärung wird wirkungslos, wenn sie widerrufen wird oder wenn der Nebenkläger stirbt.[4]) Im ersten Falle kann sie jeder Zeit erneuert werden, während hierzu die Hinterlassenen des verstorbenen Nebenklägers nicht befugt sind.

Ist der Nebenkläger[5]) berechtigt, Buße zu fordern, so kann er von diesem Recht bis zur Verkündung des Urteils erster Instanz Gebrauch machen.[6]) Er muß dabei den Betrag, den er als Buße verlangt, beziffern und das Gericht ist nicht befugt, ihm eine höhere Summe zuzusprechen.[7])

Spricht das Gericht den Angeklagten frei, oder stellt es das Verfahren ein, so ist der Antrag, ohne daß es einer besonderen Entscheidung darüber bedarf, erledigt.[8]) Wird der Antrag zurückgenommen, so kann er nicht wie die widerrufene Anschlußerklärung erneuert werden,[9]) und ist der Antragsteller gestorben, so kann der Bußantrag nicht von seinen Erben erhoben oder fortgesetzt werden.[10]) Wohl aber muß im Mangel einer entgegenstehenden Bestimmung angenommen werden, daß dieses Recht den Eltern, Kindern oder dem Ehegatten des Verstorbenen zusteht, der durch eine ihm zugefügte verleumderische Beleidigung gemäß § 188 Str.G.B. pekuniär geschädigt ist.

---

[1]) § 439.
[2]) § 440.
[3]) § 418 Satz 2.
[4]) § 420.
[5]) Für den Privatkläger gilt dasselbe, § 446.
[6]) § 444 Abs. 1.
[7]) § 445.
[8]) § 444 Abs. 3.
[9]) § 444 Abs. 2.
[10]) § 444 Abs. 4.

Das Ergebnis vorstehender Schilderungen ist kurz zusammengefaßt das folgende:

Frankreich, Italien, Belgien und die Niederlande kennen die Privatklage in keiner Form. Die Staatsanwaltschaft verfügt dort fast allmächtig über die Strafverfolgung, und die in Frankreich dem Privaten zustehenden Befugnisse, die Strafklage, direkt oder indirekt, in Bewegung zu setzen, sind nur von zweifelhaftem Werte.

Deutschland, Rußland und Finnland entziehen der Staatsanwaltschaft die Verfolgung einer bestimmten Anzahl von Delikten und überlassen sie dem Privaten als prinzipalem Ankläger nach dessen Ermessen.

Schottland und Irland geben bei allen Delikten dem Privaten ein subsidiäres Anklagerecht, das bethätigt werden kann, wenn die Staatsanwaltschaft von der Verfolgung absieht. Dem Beispiele dieser Staaten folgend, hat zunächst Österreich die subsidiäre Privatklage, wenn auch in beschränkterem Umfange, adoptiert, daneben aber auch die prinzipale Privatklage eingeführt und das Recht des Privaten anerkannt, sich in gewissen Fällen zur Verfolgung seiner Schädenansprüche dem Strafverfahren anzuschließen.

Ähnlich sind Norwegen, Dänemark und Ungarn verfahren.

Auch Schweden läßt die subsidiäre Privatklage zu und gewährt die prinzipale dem Privaten in weitem Umfang.

In der Schweiz sind es zwei Kantone, Aargau und Zürich, die beide Klagen kennen, während in Luzern und Tessin nur die subsidiäre, in Basel-Stadt nur die prinzipale Privatklage zugelassen ist.

Eine Sonderstellung nimmt England insofern ein, als es zwar ebenfalls, wie die anderen modernen Staaten, die Verpflichtung des Staates zur Verfolgung des Verbrechers anerkennt, trotzdem aber prinzipiell jedem Staatsbürger das Recht zugesteht, auch ohne Vermittelung einer staatlichen Anklagebehörde unmittelbar bei den Gerichten die Anklage zu erheben.

Es fragt sich nun:

> *welcher Umfang und welche prozessuale Gestaltung dem Privatklageverfahren* de lege ferenda *zu geben sei.*

Die Beantwortung dieser Frage setzt eine Erörterung des staatlichen Anklagemonopols und seiner Mängel voraus; denn die Privatklage kann nur insoweit als berechtigt anerkannt werden, als sie geeignet ist, diesen Mängeln abzuhelfen.

1.[1]) Unter dem staatlichen Anklagemonopol hat man nicht nur das ausschließliche Recht, sondern auch die ausschließliche Pflicht des Staates zu verstehen, die Verfolgung eines jeden Verbrechens zu betreiben; denn wenn es richtig ist, daß jede Zuwiderhandlung gegen das Strafgesetz eine Verletzung oder Gefährdung des Staatswohls darstellt, wenn es weiter feststeht, daß es die Pflicht des Staates ist, dafür Sorge zu tragen, daß der Verbrecher der verwirkten Strafe nicht entgehe, so folgt hieraus mit Notwendigkeit, daß der Staat seiner Behörde, der er diese Aufgabe übertragen hat, zur Pflicht machen muß, jeden, auch den geringsten Verstoß gegen das Strafgesetz zu verfolgen. Es wäre widersinnig, wenn man zwar die Verpflichtung des Staates zur Strafverfolgung anerkennen, gleichzeitig aber dem staatlichen Anklageorgane die Berechtigung zugestehen wollte, aus Zweckmäßigkeitsgründen im einzelnen Fall von der Anklage abzusehen, trotzdem eine eklatante Gesetzesverletzung vorliegt. Man kann nicht einem andern eine Pflicht auferlegen und ihm zugleich erlauben, wenn es ihm zweckmäßig erscheine, sich dieser Pflicht zu entledigen; die auferlegte Pflicht würde dann nicht mehr eine Verpflichtung, sondern eine Berechtigung sein. Daß der Staat aber nur berechtigt und nicht auch verpflichtet sein soll, die Strafverfolgung zu betreiben, wird selbst von den Staaten nicht behauptet, die das Opportunitätsprinzip gelten lassen. In Österreich z. B. ist das Opportunitätsprinzip[2]) nach der Ansicht bedeutender Gelehrter ganz allgemein,[3])

---

[1]) Bei den folgenden Erörterungen sind benutzt: Gneist: 4 Fragen zur deutschen Strafprozeßordnung, Berlin 1874; Binding: Die 3 Grundfragen der Organisation des Strafgerichts; Schmidt: Staatsanwalt und Privatkläger; Glaser: Das Prinzip der Strafverfolgung. Gesammelte Schriften, I Bd.; Kronecker: Erörterungen über das Privatklageverfahren. Goltdammers Archiv für Strafrecht, Bd. 33; Stenglein: Gutachten zum 19. Juristentag: von Holtzendorff: Die Reform der Staatsanwaltschaft in Deutschland; Süß: Die Stellung der Parteien im modernen Strafprozeß, Wien 1898; Menzel: Die Privatklage nach dem Reichsstrafprozeßrecht; Materialien (Hahn) zur deutschen Strafprozeßordnung.

[2]) Unter Beziehung auf § 2 Abs. 3 der österreichischen Str.P.O.: Alle anderen strafbaren Handlungen sind Gegenstand der öffentlichen Anklage, deren Erhebung zunächst der Staatsanwaltschaft zukommt, statt derselben aber nach Maßgabe dieser Strafprozeßordnung von den Privatbeteiligten übernommen werden kann.

[3]) So Glaser: Kleine Schriften S. 536; Gneist: „Vier Fragen" S. 18, 19; Ullmann: Das österreichische Strafprozeßrecht S. 260ff.

zum mindesten aber insoweit anerkannt, als Delikte in Frage kommen die pekuniäre Interessen eines Einzelnen verletzen. Trotzdem heiß es in § 34 der österreichischen Strafprozeßordnung:

> Die Staatsanwälte haben alle strafbaren Handlungen, welche zu ihrer Kenntnis kommen und nicht bloß auf Begehren eines Beteiligten zu untersuchen und zu bestrafen sind, von Amts wegen zu verfolgen pp.

Deutlicher kann die Strafverfolgungspflicht des Staates wohl nicht ausgesprochen werden.

Es ist also das Opportunitätsprinzip als dem Grundsatze der staatlichen Strafverfolgungspflicht widersprechend zu verwerfen und unter Anerkennung des Legalitätsprinzips festzustellen, daß die Staatsanwaltschaft jede, auch die geringfügigste, strafbare Handlung zur Anklage bringen muß, wenn ihr die Beweismittel zur Überführung des Schuldigen ausreichend erscheinen.

Hat aber der Staat die Verfolgung des Verbrechers in die Hand genommen, so bleibt für das direkte Anklagerecht des Verletzten kein Raum mehr. Denn wenn auch die Motive für die Strafverfolgung bei dem Staate und dem Verletzten verschieden sind, indem jener das Staatswohl schützen, dieser Genugthuung für erlittenes Unrecht erlangen will, so ist der Zweck, den beide verfolgen — die Bestrafung des Thäters — der gleiche. Dieser Zweck wird aber durch die vom Staate betriebene Verfolgung völlig erreicht und damit jedes Interesse des Verletzten an selbständiger Strafverfolgung beseitigt. Wenn England auch jetzt noch im Prinzipe jedem Staatsbürger das Recht, selbst Anklage zu erheben, zugesteht, so beruht dies darauf, daß es noch keine der kontinentalen Staatsanwaltschaft entsprechende Anklagebehörde geschaffen hat, deren ausschließliche Aufgabe die Strafverfolgung ist. Mit Einführung einer solchen Behörde wird dies selbständige Anklagerecht des Verletzten, von dem faktisch schon jetzt sehr selten Gebrauch gemacht wird, von selbst in Wegfall kommen.

So hat denn die Staatsanwaltschaft, indem sie die Strafverfolgung betreibt, zwei Aufgaben zu erfüllen, nämlich sowohl im Interesse des Staates die Autorität des Gesetzes zu wahren, als auch im Interesse des Verletzten diesem Genugthuung zu verschaffen.

Wäre sie imstande, diese beiden Aufgaben in vollkommener, sowohl den Staat als den einzelnen Verletzten in jeder Beziehung befriedigenden Weise zu erfüllen, so würde man gegen das staatsanwaltschaftliche Anklagemonopol, wie es am reinsten in Frankreich sich ausgebildet hat, nichts einzuwenden haben, und die Frage, ob und in welchem Umfange dem Privaten ein Einfluß auf die Strafverfolgung einzuräumen sei, brauchte nicht aufgeworfen zu werden. Denn wenn jedermann überzeugt wäre, daß ganz nach seinem Ermessen und seinen Wünschen der Staatsanwalt sich richten und die Verfolgung eines jeden Deliktes so energisch betreiben wollte, wie es der Verletzte selbst thun würde, so dächte niemand daran, Zeit, Mühe und Kosten daranzuwenden, um selbst die Bestrafung des Thäters herbeizuführen. Nicht richtig ist es, wenn Bindseil als idealen Rechtszustand den schildert, daß der Verletzte mit seinen Zeugen direkt zu dem Richter geht und dort die Verurteilung des Thäters erwirkt.[1]) Nach den heutigen Anschauungen erscheint vielmehr der Zustand als der ideale, daß der Verletzte durch eine einfache Anzeige an die Staatsanwaltschaft sich allen weiteren Unbequemlichkeiten entziehen und dabei mit Recht die Überzeugung haben kann, daß der Staatsanwalt seine Interessen und seinen Anspruch auf Genugthuung ebenso gut, ja noch besser wahren werde, als er selbst es vermöchte.

2. Die Erfahrung hat gezeigt, daß dieser ideale Zustand sich nie verwirklicht hat und niemals wird verwirklichen können; es müßte denn jenes utopische Staatswesen Wahrheit werden, in dem jeder Staatsbürger zufrieden und mit allen Maßnahmen der Regierung einverstanden ist. So lange das nicht der Fall ist, wird immer die Gefahr vorhanden sein, daß die Staatsanwaltschaft, trotzdem eine Gesetzesübertretung vorliegt, die Anklage unterdrücken oder wenigstens nicht mit der nötigen Energie durchführen wird, weil ihr dies durch andere öffentliche oder private Interessen geboten scheint, oder weil sie in Unterschätzung des privaten Interesses das staatliche Interesse an der Verfolgung für zu gering erachtet, um die Mühen der Verfolgung auf sich zu nehmen. Schließlich ist es denkbar, daß sie infolge allzugroßer Überlastung mit Geschäften die geringfügigen Sachen weniger gewissenhaft, als die wichtigen behandeln wird.

a) In ersterer Beziehung sind mit Recht folgende Bedenken geltend gemacht worden.[2])

Der Staatsanwalt ist von der Regierung eingesetzt und insofern

---

[1]) Bindseil: Verhandlungen des 19. Juristentages, Bd. II S. 286.

[2]) S. besonders Gneist: „Vier Fragen" S. 24—29.

von dieser abhängig, als er nicht unabsetzbar wie der Richter ist, sondern zur Disposition der Regierung steht und den Weisungen des Justizministers zu folgen hat. Infolgedessen wird er leicht bewußt oder unbewußt das Regierungsinteresse mit dem Staatsinteresse identifizieren. Dies ist unschädlich, solange die Interessen des Staates, d. h. der Allgemeinheit der Staatsbürger, und der Regierung übereinstimmen, was meist der Fall sein wird, wenn die inneren politischen Verhältnisse friedlich sind. Anders verhält es sich aber, wenn die Regierung, wie es bei den modernen Staaten die Regel ist, oppositionelle Parteien zu bekämpfen hat. Hier ist zu befürchten, daß einerseits die Regierung ihre Behörde, die Staatsanwaltschaft, dazu benutzt, mit möglichst scharfer Handhabung des Gesetzesbuchstabens die Oppositionsparteien zu unterdrücken, andererseits die Staatsanwaltschaft die der Regierung nahestehenden Parteien mit Schonung behandelt und, wenn der Fall nicht zu eklatant ist, gerne ein Auge zudrückt. Aus einem solchen Verfahren könnte man dem Staatsanwalt nicht einmal einen besonderen Vorwurf machen, da man ohne weiteres voraussetzen kann, daß er optima fide, d. h. in der Überzeugung handelt, daß die scharfe Verfolgung auf der einen und die Unterdrückung der Anklage auf der anderen Seite im Interesse des Staates liege.

Die Erfahrung lehrt, daß diese Besorgnisse nicht unbegründet sind. Gneist, dem dabei die Konfliktszeit in Preußen vor Augen schwebt, berichtet, daß zu dieser Zeit bei der Verfolgung von Preßvergehen, Zuwiderhandlungen gegen die Vereins- und Versammlungsgesetze, Wahlbeeinflussungen und Beamtenvergehen durchaus nicht gleichmäßig verfahren worden sei. Gegenstand der zahlreichen Preßprozesse sei zumeist die oppositionelle, selten die regierungsfreundliche Presse gewesen, obgleich diese der ersteren an Verdächtigungen und Verleumdungen kaum etwas nachgegeben habe. Verstöße gegen das Vereinsrecht durch der Regierung nahestehende Parteien, indirekte Wahlbeeinflussungen durch Regierungsbeamte seien häufig geschont worden, während man die gleichen Vergehen oppositioneller Parteien scharf verfolgt habe.

Noch schärfer treten diese Erscheinungen in Ländern zu Tage, in denen das Anklagemonopol der Staatsanwaltschaft unbeschränkt anerkannt ist. Es ist bekannt, daß z. B. in Frankreich oder Italien die Staatsanwaltschaft häufig genug ein willkommener Bundesgenosse der jeweils herrschenden Parteien gewesen ist.

Aber nicht nur Regierungsinteressen, sondern auch andere Rücksichten der verschiedensten Art können dem Staatsanwalt die Unterdrückung der Anklage notwendig erscheinen lassen. So mag er beispielsweise einen öffentlichen Skandal vermeiden wollen in der Besorgnis, daß dessen übermäßige Ausbeutung durch die Presse mehr Nachteile für die Allgemeinheit habe, als ihr die Bestrafung des Thäters Nutzen bringe. Aber auch persönliche Beziehungen zu dem Verdächtigen können hier in Betracht kommen. Diese Fälle werden zwar selten vorkommen, möglich sind sie aber immerhin.

b) Die Unterlassung der Verfolgung infolge nicht genügender Berücksichtigung des privaten Interesses wird dann zu besorgen sein, wenn das Delikt in der Hauptsache nur Privatinteressen verletzt, und das öffentliche Interesse an der Bestrafung des Thäters verschwindend gering erscheint. So wird in der Regel bei Beleidigungen und leichten Körperverletzungen dem Staate an der Bestrafung des Thäters kaum etwas gelegen sein, während der Verletzte die erlittene Kränkung oft sehr schwer empfinden mag. Der Staatsanwalt pflegt dann leicht zu vergessen, daß sich seine Aufgabe nicht in der Wahrung des staatlichen Interesses erschöpft, sondern auch darin besteht, dem Anspruche des einzelnen verletzten Staatsbürgers auf Genugthuung Geltung zu verschaffen. Die Auffassung, daß der Staatsanwalt zwar Diener des Staates, aber nicht Diener jedes einzelnen, in seinem Rechte durch eine strafbare Handlung gekränkten Bürgers sei, sondern über diesem stehe, findet sich in staatsanwaltschaftlichen Kreisen durchaus nicht vereinzelt.

Eine solche Auffassung beeinträchtigt aber nicht nur das Interesse des verletzten Privaten, sondern kann auch eine direkte Schädigung des Staatsinteresses zur Folge haben. Dies wird dann der Fall sein, wenn der Staatsanwalt zwar der Ansicht ist, daß ein öffentliches Interesse an der Bestrafung nicht vorliege, in Wirklichkeit aber ein solches vorhanden ist. So kann man z. B. öfters die Bemerkung machen, daß bei gewissen Vergehen gegen die Marken- und Musterschutzgesetze, die Patentgesetze und die Gesetze zur Bekämpfung des unlauteren Wettbewerbs der Staatsanwalt nur ungern die Verfolgung unternimmt und durchführt, weil er hierbei nur die Rolle eines Gehülfen des verletzten Privaten zu spielen meint, dem er durch seine Nachforschungen und durch Sammlung der Beweismittel für die Schuld des Thäters das Material für eine künftige Civilklage auf Schadenersatz verschaffen soll. Alle diese Gesetze wollen aber nicht nur einzelne Staatsbürger schützen, sondern bezwecken vielmehr, im Interesse der Gesamtheit den geschäftlichen Verkehr zu sichern, das Publikum vor Täuschungen zu bewahren, Handel und Gewerbe zu kräftigen und unsolide Geschäftsunternehmungen zu unterdrücken. Es wird deshalb niemand bestreiten können, daß auch der Staat an der Bestrafung einer jeden Übertretung dieser Gesetze ein erhebliches Interesse hat.

c) Schließlich ergiebt sich als notwendige Folge des Legalitätsprinzips, daß der Staatsanwalt gezwungen ist, bei allen, auch den geringfügigsten Delikten, die Verfolgung des Thäters zu betreiben Es wird daher auch der pflichteifrigste Beamte bei der großen Masse derartiger Delikte leicht seine Kräfte zersplittern und infolge übergroßer Geschäftsüberhäufung gezwungen sein, wichtigeren Sachen weniger Aufmerksamkeit zu schenken, als es im Interesse des Staats und der Privaten notwendig ist.

Die Mängel des staatsanwaltschaftlichen Anklagemonopols lassen sich sonach dahin zusammenfassen:

Vernachlässigung der Anklage wegen entgegenstehender anderer privater oder öffentlicher Interessen,

Vernachlässigung der Anklage wegen mangelnden öffentlichen Interesses,

Vernachlässigung der Anklage infolge Belastung der Staatsanwaltschaft mit der Verfolgung geringfügiger Delikte.

3. Hiermit ist der Ausgangspunkt für die Erörterung gegeben, ob die Privatklage anzuerkennen und welche Gestaltung ihr zu geben sei. Verfehlt würde es sein, auf den lange und mit Erbitterung geführten unfruchtbaren Streit einzugehen, in dem mit ethischen und rechtsphilosophischen Gründen für und gegen die Privatklage gekämpft worden ist. Denn, wenn man auf der einen Seite die Privatrache für unsittlich hält und die Verfolgung des Verbrechens, weil dieses gegen die Idee des Rechts verstoße, durch einen über dem Verletzten stehenden Dritten — den Staat — als Hüter des Rechts verlangt; auf der anderen Seite dagegen die Anrufung des Gerichts um Bestrafung des Übelthäters als ein wichtiges konstitutionelles Recht eines jeden Staatsbürgers hinstellt und der Meinnung ist, es widerstrebe im Gegenteil dem sittlichen Gefühl, wenn der in seinen heiligsten Rechten Verletzte nicht selbst die Verfolgung des Thäters in die Hand nehmen dürfe, sondern auf die Vermittelung einer ihm persönlich fernstehenden Behörde angewiesen sei, so giebt man

dabei Ansichten Ausdruck, die auf Gefühlen beruhen. Über Gefühle aber läßt sich, wie Schmidt richtig sagt,[1]) nicht streiten. Sie sind je nach der Individualität des Einzelnen verschieden und sind stets gleich berechtigt.

Deshalb kann die Berechtigung der Privatklage nur nach dem Gesichtspunkt der Zweckmäßigkeit beurteilt werden. Die Frage, ob und inwieweit die Privatklage zuzulassen sei, hängt davon ab, ob und inwieweit sie geeignet ist, den Mängeln des staatlichen Anklagemonopols abzuhelfen.

a) Als Universalmittel für Beseitigung aller dieser Mängel hat man die subsidiäre Popularklage empfohlen.[2]) Es soll jedermann, der nach bürgerlichem Recht verfügungsfähig und im Besitz der Ehrenrechte ist, selbst die Strafverfolgung übernehmen und die Anklage erheben dürfen, wenn die Staatsanwaltschaft beides abgelehnt hat. In der That scheint diese jedem Staatsbürger zustehende Klagbefugnis eine große Gewähr dafür zu bieten, daß der durch Vernachlässigung der staatlichen Klage, auf was für Gründen sie auch beruhen möge, entstehende Schaden wieder gut gemacht werde. Denn der politische Gegner der Regierung kann die Bestrafung des Regierungsfreundes bewirken, der geschonte Schuldige kann von jedem Beliebigen zur Verantwortung gezogen werden, und wer sich in seinen persönlichen Rechten verletzt fühlt, vermag sich selbst Genugthuung verschaffen. Auch ist nicht zu befürchten,[3]) daß ein allzugroßer Mißbrauch mit dieser Befugnis getrieben würde. Er ließe sich durch scharfe Strafandrohungen gegen falsche Ankläger wie in England, durch materielle gerichtliche Vorprüfung der Zulässigkeit der Klage und ähnliche Maßregeln wenn auch nicht beseitigen, doch zum mindesten auf das gleiche Maß beschränken, wie er jetzt mit der Denunziation getrieben wird. Denn vollständig wird dem Übelstand, daß die strafrechtliche Verfolgung zum Gegenstand von Handelsgeschäften gemacht und häufig nur aus persönlichen Gründen ohne sachlichen Hintergrund ins Werk gesetzt wird, niemals abgeholfen werden können.

Trotzdem ist die subsidiäre Popularklage aus theoretischen und praktischen Gründen zu verwerfen.

---

[1]) Schmidt a. a. O. S. 16.
[2]) So besonders Gneist.
[3]) Binding a. a. O. S. 4, 5.

Wie es mit dem Grundsatz der staatlichen Verfolgungspflicht unvereinbar sein würde, wenn der Staat etwa nur einen Teil der strafbaren Handlungen durch seine Organe verfolgen lassen, die Verfolgung des anderen Teiles aber dem einzelnen Staatsbürger auferlegen oder gar in dessen Ermessen stellen wollte, so widerspricht es auch den vom Staat übernommenen Pflichten, wenn der Staat für den Fall, daß seine Organe ihre Pflichten vernachlässigen, einem Dritten — dem Staatsbürger — gestatten will, diese Pflichten statt seiner zu erfüllen. Wer eine Verpflichtung übernimmt, hat selbstverständlich dafür Sorge zu tragen, daß sie gehörig erfüllt wird, und wenn die Organe des Staates ihre Pflicht vernachlässigen, so muß der Staat dafür sorgen, daß dieser Nachlässigkeit gesteuert wird. Er kann aber nicht sich mit dem Bewußtsein begnügen, daß ja ein anderer da sei, der berechtigt ist, diese Pflicht statt seiner zu erfüllen. Wenn auch nach Gneist die Popularklage in Deutschland seit 1000 Jahren gegolten und es seit dem XIV. und XV. Jahrhundert in Deutschland keine andere als die Popularklage gegeben hat,[1]) so hat sie eben mit Anerkennung des Grundsatzes, daß dem Staat und nicht dem Privaten die Strafverfolgungspflicht obliege, ihre Berechtigung verloren.

Man könnte sich vielleicht über diese prinzipiellen Bedenken hinwegsetzen, wenn nicht auch gewichtige praktische Gründe gegen die Einführung der subsidiären Popularklage sprächen.

Zunächst ist sie trotz der geschilderten Vorteile nicht geeignet, den Mängeln des staatlichen Anklagemonopols abzuhelfen. Schon der persönlich Verletzte wird sich nur ungern und selten entschließen, die Verfolgung selbst aufzunehmen, wenn er den Bescheid von der Staatsanwaltschaft empfangen hat, daß diese zu einem Einschreiten keinen Anlaß finde. Er wird es sich gründlich überlegen, ob er nicht lieber auf die Bestrafung des Thäters verzichten will, als die Kosten eines Prozesses, die er von seinem Gegner vielleicht nicht wieder erstattet erhalten kann, zu riskieren, die Mühen und Unannehmlichkeiten, die mit Einleitung der Klage und Beschaffung der Beweismittel notwendig verbunden sind, zu übernehmen und seine kostbare Zeit, deren er im Berufe oder Geschäfte dringend bedarf, zu opfern. Noch viel weniger

[1]) Gneist a. a. O. S. 47; dagegen Binding a. a. O. S. 4, der diese Behauptung einen Faustschlag ins Gesicht der Geschichte nennt.

leicht wird sich aber jemand zur Erhebung der Anklage entschließen, dessen persönliche Interessen durch die That gar nicht berührt worden sind. Es gehört schon ein großer Grad von Idealismus und Gemeinsinn dazu, sich all den mit Erhebung einer Privatklage verbundenen Unbequemlichkeiten nur zu dem Zwecke zu unterziehen, daß die Autorität des Gesetzes gewahrt werde, daß die That ihre Sühne finde. Mag auch dieser Idealismus vielleicht häufiger vorhanden sein, als man denkt, so kann man doch keinesfalls mit ihm als einem ausreichenden Faktor der Strafverfolgung rechnen. Vielmehr wird nach wie vor zu befürchten sein, daß der Thäter, dessen Verfolgung die Staatsanwaltschaft unterdrückt, in den meisten Fällen seiner Strafe entgeht. Die Popularklage hat aber auch direkt schädliche Wirkungen. Schmidt[1]) führt zutreffend aus, daß bei dem Staatsanwalt sich das Gefühl der eigenen Verantwortlichkeit leicht abschwächen werde durch das Bewußtsein, daß hinter ihm ein anderer steht, der berechtigt sei, die Verfolgung an seiner Stelle zu übernehmen, wenn er selbst sie nicht betreiben wolle. Gerade bei komplizierten Sachen, wenn es sich um Vernehmung einer großen Anzahl von Zeugen handle, wenn der Sachverhalt unklar und schwer zu ermitteln sei, werde die Versuchung groß sein, sich dieser Mühe zu entledigen und sie dem Privaten aufzubürden. Bei einem pflichttreuen Beamtentum und dort, wo das Legalitätsprinzip gilt, wird diese Gefahr ja nicht groß sein. Sie besteht aber immerhin und wird wachsen, je länger beide Anklageformen nebeneinander bestehen.

b) Dieselben Gründe, welche gegen die subsidiäre Popularklage sprechen, stehen auch der subsidiären Privatklage des Verletzten entgegen. Es kommt hinzu, daß diese Art der Privatklage gegen die Vernachlässigung der Verfolgung solcher Delikte, durch die eine bestimmte Person nicht betroffen wird, wie z. B. Wahlbeeinflussung, eine Handhabe überhaupt nicht bietet. Man kann zu ihren Gunsten nicht darauf hinweisen, daß eine ganze Reihe von Staaten sie eingeführt und anscheinend schlechte Erfahrungen mit ihr nicht gemacht hat. Denn für Österreich, dem Vorbild jener Staaten, ist sie eine Notwendigkeit, weil dort das Opportunitätsprinzip gilt. Wenn der Staatsanwalt berechtigt ist, aus Zweckmäßigkeitsgründen von Erhebung der Klage abzusehen,

---

[1]) Schmidt, a. a. O. S. 47 ff.

obgleich eine Handlung begangen worden ist, die das Gesetz mit Strafe bedroht, so ist als einziges Korrektiv gegen diese Unterlassung die Privatklage dessen, der sich hierdurch beschwert fühlt, denkbar. Die Beschwerde gegen den Ablehnungsbeschluß des Staatsanwalts kann deswegen nicht in Betracht kommen, weil die Beschwerde sich nur gegen eine gesetzwidrige Handlung richten kann, der Staatsanwalt aber, wenn er die Verfolgung ablehnt, dem Gesetze nicht zuwiderhandelt, sondern nur von seinem Rechte Gebrauch macht. Durch ein Gesuch an den vorgesetzten Beamten des Staatsanwalts oder an das Gericht, die Verfolgung trotz der geschehenen Ablehnung anzuordnen, würde man nur eine Nachprüfung der Zweckmäßigkeitsgründe erreichen können. Damit ist aber dem Verletzten nicht gedient. Es ist ihm gleichgültig, was der höhere staatsanwaltschaftliche Beamte oder das Gericht über die Zweckmäßigkeitsfrage denkt, ihm liegt nur an einer Entscheidung, die sich an das Gesetz hält und die Verfolgung anordnet, sobald eine gesetzwidrige Handlung vorliegt. Es bleibt daher nichts anderes übrig, als dem Verletzten selbst die Anklagebefugnis zu geben.

Wenn Süß[1]) diese subsidiäre Privatklage des Verletzten als die beste Kontrolle für die Staatsanwaltschaft hinstellt, so hat er für Österreich Recht; für die Staaten aber, die das Legalitätsprinzip anerkennen, trifft seine Behauptung nicht zu. Für diese ist die dem Verletzten zustehende gerichtliche Beschwerde ein weit besseres Kontrollmittel. Denn sie vermeidet die Nachteile der subsidiären Privatklage und hat deren Vorzüge in höherem Grade.[2]) Unzutreffend ist zunächst der Einwand,[3]) daß der Staatsanwalt, wenn die Beschwerde Erfolg gehabt, als „ein wider seinen Willen zur Anklage gezwungener Ankläger den Nichterfolg bereits in der Tasche trage" und „daß es heiße, den Bock zum Gärtner machen, wenn man ein Korrektiv gegen das staatsanwaltschaftliche Anklagemonopol schaffe, die Durchführung der aus diesem Anlasse zu erhebenden Klage aber dem Staatsanwalt überlasse". Diese Behauptung zeigt nicht nur von einer ungerechtfertigten Geringschätzung des Pflichtgefühls eines Staatsbeamten, sondern auch von einem

---

[1]) Süß a. a. O. S. 87.

[2]) Süß a. a. O. S. 90 ist der umgekehrten Ansicht.

[3]) Süß a. a. O. S. 88, 107.

Mangel an Erfahrung. Kommt nicht fast jeder Staatsbeamte öfters in die Lage, Anweisungen seiner Vorgesetzten nachkommen zu müssen, die er nicht für richtig hält und nicht billigt? Hat nicht der Richter, dessen Urteil in der Revisionsinstanz aufgehoben und zur nochmaligen Verhandlung zurückverwiesen wird, sich der Rechtsansicht des Revisionsgerichts anzuschließen, auch wenn sie nicht die seine ist? Kommt es nicht täglich vor, daß beim Kollegialgericht ein Richter überstimmt wird und ein Urteil sanktionieren muß, das er nicht für richtig hält? Es wäre ein trauriger Mangel an Pflichtbewußtsein, wenn der auf diese Weise korrigierte Beamte die ihm obliegende Pflicht nicht trotzdem nach bestem Können erfüllte, sondern sie aus Ärger oder Unlust vernachlässigte. Niemand zweifelt daran, daß er seine Pflicht thun wird. Weshalb aber soll man die Gewissenhaftigkeit des Staatsanwalts geringer schätzen, als die anderer Beamten, zumal die ihm gegen seinen Willen aufgetragene Thätigkeit doch nur eine beschränkte ist. Er hat ja nicht über den Angeklagten zu urteilen, sondern nur die Anklage zu erheben; nachdem dies geschehen, geht die Disposition über die Anklage auf den Strafrichter über.

In Deutschland sind die Erfahrungen, die man mit dem Beschwerderecht des Verletzten gemacht hat, sehr gute und es wird von ihm ein ausgiebiger Gebrauch gemacht. Insbesondere hat es sich herausgestellt, daß der Staatsanwalt gerade dann, wenn er infolge der Beschwerde durch den vorgesetzten Beamten oder durch das Gericht veranlaßt worden ist, die Anklage zu erheben, sich der Sache mit besonderer Sorgfalt annimmt, um den Schein zu vermeiden, als ob er persönlich den Erfolg der Anklage vereiteln wolle.

Wenn Süß[1]) unter Bezugnahme auf das bei Schmidt[2]) angezogene statistische Material, den Schluß ziehen will, daß die gerichtliche Beschwerde deshalb unbrauchbar sei, weil ihr Erfolg im Verhältnis zu den zurückgewiesenen Denunziationen ein minimaler sei, so kann man mit mehr Recht aus derselben Thatsache folgern, daß die Handhabung der Strafverfolgung durch die deutsche Staatsanwaltschaft sehr gut sei, weil nur in verschwindend wenigen Fällen die Ansichten des Oberlandesgerichts über die Verfolgbarkeit eines Deliktes von denen der Staatsanwaltschaft abweichen. Ferner

---

[1]) Süß, a. a. O. S. 88.

[2]) Schmidt, a. a. O. S. 55 Anmerkung 1.

läßt Süß dabei ganz außer Betracht, daß die große Mehrzahl der Beschwerden überhaupt nicht bis zum Oberlandesgericht gelangt. Entweder bescheidet sich der Beschwerdeführer bei dem die Beschwerde zurückweisenden Beschluß des vorgesetzten staatsanwaltschaftlichen Beamten, oder dieser giebt, was sehr häufig der Fall und bei den wirklich zweifelhaften Sachen die Regel ist, der Beschwerde Recht und veranlaßt die Erhebung der Klage.

Während die subsidiäre Privatklage das Gefühl der Verantwortlichkeit bei dem Staatsanwalt schwächt, so wird im Gegenteil dies Gefühl verschärft und der Staatsanwalt zu besonders gewissenhafter Prüfung der Denunziation veranlaßt werden, wenn er sich bewußt ist, daß seine Maßnahmen der Beschwerde unterliegen.

Die Vorteile, welche das Beschwerderecht den Privaten bietet, liegen auf der Hand. Er braucht nicht sich den geschilderten mit selbständiger Erhebung der Anklage notwendig verbundenen Unbequemlichkeiten auszusetzen, sondern kann sich mit Einreichung einer Beschwerde, die keinen nennenswerten Aufwand an Zeit, Mühe und Kosten verursacht, begnügen. Wird die Beschwerde vom Gericht für unbegründet erachtet, so kann er dabei in dem Gedanken Beruhigung fassen, daß auch die Anklage, die er selbst erhoben, durch das Gericht zurückgewiesen worden wäre. Diesen bequemen Weg wird er lieber und häufiger gehen, als den dornenvollen der Privatklage.[1])

Übrigens sind in Österreich die Stimmen unter den Juristen durchaus nicht vereinzelt, die der gerichtlichen Beschwerde den Vorzug vor der subsidiären Privatklage geben, und Schmidt[2]) berichtet, daß dort über die leichtmütige Art geklagt werde, mit der die Staatsanwaltschaft die Erhebung von Anklagen ablehne.

Es bedurfte dieser ausführlicheren Behandlung der gerichtlichen Beschwerde, um nachzuweisen, daß diese dort, wo das Legalitätsprinzip gilt, in viel höherem Maße zur Kontrolle der Staatsanwaltschaft geeignet ist, als die subsidiäre Privatklage. Inwiefern diese Kontrolle noch durch andere Mittel vervollständigt und verbessert werden kann, insbesondere z. B. durch Ausdehnung des Beschwerderechts auf jeden Staatsbürger oder durch gerichtliche Aufsichtsbefugnisse, ist hier nicht der Platz zu erörtern. Es genügt

---

[1]) Süß, a. a. O. S. 90 ist der entgegengesetzen Ansicht.

[2]) Schmidt, a. a. O. S. 50.

festzustellen, daß die subsidiäre Privatklage weder als Popularklage noch als Klage des Verletzten das geeignete Mittel zur Kontrolle der Staatsanwaltschaft ist. Ebensowenig dient sie zur Entlastung der Staatsanwaltschaft. Denn wo das Legalitätsprinzip gilt, kann sie den Staatsanwalt von seiner Pflicht, die Verfolgung zu betreiben, nicht entbinden, und wo der Opportunitätsgedanke herrscht, entledigt sich der Staatsanwalt seines Ballastes an geringfügigen Sachen auch ohne sie.

Die Einführung der subsidiären Privatklage ist also nicht zu empfehlen.

c) Wenn ein Delikt der prinzipalen Privatklage überlassen wird, so bedeutet dies soviel, daß der Staat von seiner Verpflichtung, dieses Delikt zu verfolgen, entbunden und einem bestimmten Privaten die Berechtigung zugestanden wird, die Verfolgung selbständig ohne Vermittlung der staatlichen Anklagebehörde zu betreiben. Ein solcher Zustand widerspricht zweifellos dem Prinzip der staatlichen Verfolgungspflicht aller Delikte. Indessen lassen sich Fälle denken, in denen eine Durchbrechung dieses Prinzips zweckmäßig und deshalb geboten erscheint.

Alle strafbaren Handlungen mit wenigen Ausnahmen verletzen sowohl das Interesse des Staates, wie das eines einzelnen Bürgers. In den meisten Fällen wird der Staat das gleiche oder ein höheres Interesse an der Bestrafung des Thäters haben. Dann darf er selbstverständlich die Verfolgung nicht aus der Hand geben, sondern muß dafür sorgen, daß die Bestrafung des Thäters herbeigeführt wird. Es giebt aber auch Delikte, die in der Hauptsache nur Rechte eines einzelnen verletzen und, wenn sie auch ein Verstoß gegen die Rechtsordnung sind, doch das Interesse des Staates, d. h. der Allgemeinheit nur in ganz geringem Maße schädigen. Man denke an einfache Beleidigungen, die den einzelnen zwar sehr schwer kränken können, das öffentliche Interesse im allgemeinen aber nur sehr wenig berühren.

Diese Delikte sind es, deren Verfolgung man aus Zweckmäßigkeitsgründen dem Staate erlassen und dem Verletzten überlassen darf.

Diese Zweckmäßigkeitsgründe liegen weniger auf der Seite des Privaten, als der des Staates. Für die Staatsanwaltschaft ergiebt sich zunächst der große Vorteil, daß jeder Zweifel darüber beseitigt wird, welche Delikte im staatlichen Interesse zu verfolgen sind und bei welchen Delikten das Interesse des einzelnen an der Verfolgung überwiegt. Es entfällt für den Staatsanwalt jede Versuchung, eine Verfolgung wegen mangelnden öffentlichen Interesses zu unterdrücken oder zu vernachlässigen und es wird damit ein wesentlicher Mangel des staatsanwaltschaftlichen Anklagemonopols beseitigt. Gleichzeitig wird dadurch, daß der Staatsanwalt von seiner Pflicht, eine ganze Reihe von Delikten zu verfolgen, befreit wird, eine sehr erhebliche Entlastung der Staatsanwaltschaft herbeigeführt, die es dem einzelnen Beamten ermöglicht, sich mit der Bearbeitung der anderen für den Staat wichtigeren Sachen um so eingehender zu befassen. Für den Privaten wäre es zwar an sich immer am angenehmsten, wenn er die Verfolgung des Thäters dem Staatsanwalt überlassen und dabei der Überzeugung sein könnte, daß dieser seine Interessen auf das beste wahrnähme.

Da aber dieser ideale Zustand niemals erreicht werden kann, ist für den, der sich ganz besonders in seinem privaten Rechte geschädigt fühlt, die Möglichkeit, sich selbst mit aller Energie Genugthuung zu verschaffen, immer noch besser, als ein fortwährendes Mißtrauen gegen Handhabung der Verfolgung durch die Staatsanwaltschaft.

Es mag ja bei diesen Delikten häufiger der Fall eintreten, daß der Thäter seiner Strafe entgehen wird, da der Private kein so zuverlässiger Ankläger ist wie der Staatsanwalt. Der Schade ist aber nicht groß, denn der Staat ist hier an der Bestrafung des Thäters weniger interessiert als der Private und kann deshalb von ihr absehen, wenn dieser es thut.

Allerdings kann jede strafbare Handlung, die in ihrer gewöhnlichen Erscheinungsform nur Privatinteressen verletzt, im einzelnen Fall einen schwereren Charakter annehmen, der ein Einschreiten im Interesse der Allgemeinheit verlangt. Deshalb muß bei allen der privaten Verfolgung überlassenen Delikten dem Staate das Recht vorbehalten bleiben, dem Privaten die Verfolgung zu entziehen und selbst in die Hand zu nehmen, wenn ihm dies im öffentlichen Interesse geboten erscheint.

4. Wenn man also diejenigen Delikte der prinzipalen Privatklage überlassen kann, die für gewöhnlich das private Interesse sehr erheblich, das staatliche dagegen nur in geringerem Maße beeinträchtigen, so hat man weiter zu fragen, was für Delikte sind dies im einzelnen?

a) Auszuscheiden haben zunächst die folgenden Delikte: feindliche Handlungen gegen befreundete Staaten, Verbrechen und Vergehen in Beziehung auf die Ausübung staatsbürgerlicher Rechte, Widerstand gegen die Staatsgewalt, Verletzungen der öffentlichen Ordnung, Münzdelikte, Meineid, fasche Anschuldigung, Religionsverbrechen, Vergehen in Beziehung auf den Personenstand, Sittlichkeitsdelikte, Angriffe auf das Leben und die persönliche Freiheit, schwere Körperverletzung, qualifizierte Sachbeschädigung, Eigentumsdelikte (Diebstahl, Unterschlagung, Raub, Erpressung, Begünstigung, Hehlerei, Betrug, Untreue), Urkundenfälschung, Bankerott, gemeingefährliche Verbrechen und sämtliche Amtsdelikte. Wenn auch durch die meisten dieser Delikte eine schwere Schädigung eines Einzelnen herbeigeführt werden kann, so ist doch kein Zweifel daran, daß der Staat hier überall ein erhebliches Interesse an der Bestrafung des Thäters hat, und deshalb die Verfolgung nicht aus der Hand geben darf. Dies bezieht sich auch auf diejenigen unter den genannten Delikten, deren Verfolgung in den meisten Staaten davon abhängig gemacht worden ist, daß der Verletzte vorher einen Strafantrag gestellt hat. Denn in diesen Fällen hat der Staat durch Einführung des Antragserfordernisses keineswegs dokumentieren wollen, daß er nur ein geringes Interesse an der Verfolgung habe.[1]) Vielmehr liegt der Grund des Antragserfordernisses bei den Sittlichkeitsvergehen, wie Ehebruch, Entführung, Verführung, Eheerschleichung, Verleitung zum Beischlaf unter Vorspiegelung der Ehe und ähnlichen Delikten darin, daß der Staat trotz des großen Interesses, das er an Aufrechterhaltung der Sittlichkeit als einer der wichtigsten Stützen der Staatsordnung hat, dem Verletzten die Möglichkeit lassen will, im einzelnen Falle die Verfolgung zu verhindern. Denn häufig wird der Verletzte, auch wenn ihm noch so viel an der Bestrafung des Thäters liegt, doch aus Rücksicht auf seine eigene Person und seine Familie, von der Verfolgung Abstand nehmen wollen, weil er befürchten muß, daß durch die

[1]) Die unrichtige Ansicht der Motive zum Entwurf einer deutschen Strafprozeßordnung (Hahn, Materialien S. 269), daß alle Antragsdelikte das staatliche Interesse im Verhältnis zu dem Interesse des Verletzten nur in geringem Maße schädigen und deshalb der prinzipalen Privatklage überlassen werden können, hat in Österreich bekanntlich gesetzliche Anerkennung gefunden. Sie ist schon öfters widerlegt worden, so von Stenglein: Gutachten zum XIX. Juristentag Band 2 S. 249ff.; von Liszt: Lehrbuch 4. Auflage S. 197; derselbe: Privatklage in Österreich, Gerichtssaal Bd. 29 S. 187ff.

Verfolgung Umstände in die Öffentlichkeit gezogen werden, welche seine und seiner Angehörigen Ehre in hohem Maße gefährden würden. Die Genugthuung, die er an der Bestrafung des Thäters haben würde, wird überwogen durch die moralischen, und häufig damit zusammenhängenden pekuniären Nachteile, die ihm selber durch das Strafverfahren drohen. Richtiger würde diese Prohibitivbefugnis des Verletzten zum Ausdruck gebracht worden sein, wenn die Verfolgung nicht vom Antrag, sondern von der Ermächtigung des Verletzten abhängig gemacht wäre. Hier dem Verletzten die Privatklage zu geben, hätte keinen Sinn, da sein Interesse an der Bestrafung geringer ist, als das des Staates.

Ähnlich verhält es sich bei den nur auf Antrag verfolgbaren Vergehen des Betrugs, der Unterschlagung und des Diebstahls, die gegen Angehörige verübt sind. Hier soll dem Verletzten mit Rücksicht auf sein nahes Verhältnis zum Thäter Gelegenheit gegeben werden, die Verfolgung zu unterdrücken, trotzdem der Staat an Bestrafung des Thäters bei diesen Delikten zweifellos ein großes Interesse hat. Auch hier sollte besser die Staatsanwaltschaft die Initiative ergreifen und nur verpflichtet sein, vorher die Ermächtigung des Verletzten zur Verfolgung nachzusuchen. Es würde dadurch die Gefahr, daß der Verletzte weniger durch die ihm selber aus der Verfolgung erwachsenden Nachteile, als vielmehr durch Bedrohung oder Bestechung bestimmt wird, die Verfolgungen zu inhibieren, wesentlich vermindert werden. Denn der Verletzte wird, wenn er an sich zur Verfolgung des Thäters geneigt ist, viel leichter von Stellung des Strafantrags, als von Erteilung der Ermächtigung abgehalten werden können. Erheblich größer würde aber die Gefahr werden, wenn man den Verletzten wegen dieser Delikte auf den Weg der Privatklage verweisen wollte, da diese noch bedeutend mehr Initiative erfordert, als der bloße Strafantrag. Wie groß diese Gefahr ist, haben die Erfahrungen in Thüringen gezeigt, wo diese Delikte [1]) früher der Privatklage überlassen waren. v. Groß [2]) berichtet, daß dort wegen der damit verbundenen Unbequemlichkeiten Privatklage fast niemals erhoben worden sei, was auf die Moralität des Volkes einen höchst ungünstigen Einfluß ausgeübt habe.

---

[1]) Diebstähle, Betrügereien, Veruntreuungen unter 5 Thalern, die von Dienstleuten gegen Herrschaften, oder unteren Verwandten begangen werden.

[2]) Gerichtssaal 1859 S. 282.

Bei den sogen. privilegierten Diebstählen, der Genußmittelentwendung und dem Futterdiebstahl,[1]) könnte man über die Berechtigung der Privatklage zweifelhaft sein. Unseres Erachtens ist sie aus denselben Gründen wie bei den übrigen kleinen Diebstählen nicht zu empfehlen. Der Verletzte wird sich wegen der Geringfügigkeit des Objektes nicht gern den Unbequemlichkeiten der Privatklage aussetzen, auch wenn ihm an der Bestrafung des Diebes gelegen ist. In den meisten solchen Fällen wird daher der Dieb seiner Strafe entgehen. Infolgedessen wird sich allmählich im Volke das Gefühl für die Strafbarkeit solcher Handlungen verringern und eine erhebliche Vermehrung derselben eintreten. Der Staat hat dies selbstverständlich zu verhüten und muß deshalb für die Bestrafung des Diebes sorgen, wenn nicht der Verletzte dadurch, daß er den Strafantrag nicht stellt, zu erkennen giebt, daß er die Bestrafung des Diebes nicht wünscht.

b) Eine besondere Besprechung verlangen die sogenannten gefährlichen Körperverletzungen des § 223a des deutschen Strafgesetzbuchs, weil man den Vorschlag gemacht hat, diese der prinzipalen Privatklage zu überlassen.[2]) Es kommen in der That hier häufig Fälle vor, die der leichten Körperverletzung sehr nahe kommen und deshalb nur in geringem Maße das staatliche Interesse berühren. Oder erhöht sich etwa das staatliche Interesse an der Bestrafung des Thäters, wenn dieser anstatt mit der Faust, mit einem leichten Stock oder mit einem Bierglas zuschlägt, vorausgesetzt natürlich, daß die Folge des Schlages nicht eine ernsthafte Verletzung gewesen ist? Trotzdem kann hier die Privatklage auf keinen Fall zugelassen werden.[3]) Die Gruppe der gefährlichen Körperverletzungen ist seiner Zeit deswegen aus den übrigen ausgeschieden worden, um die Verfolgung von Körperverletzungen nicht mehr in so großem Umfange wie bisher in das Belieben des Verletzten zu stellen. Bisher waren nur die Körperverletzungen von amtswegen zu verfolgen, die eine der schweren Folgen des § 224[4]) nach sich gezogen hatten,

[1]) § 370 Z. 4 und 5 Str.G.B.: Schmidt und Stenglein empfehlen hier die Privatklage.

[2]) S. Kronecker XIX. Juristentag Bd. 2 S. 279.

[3]) Derselben Ansicht sind Bindseil XIX. Juristentag Bd. 2 S. 285, 286 und Stenglein, Gutachten.

[4]) Verlust eines wichtigen Körpergliedes, des Sehvermögens auf einem oder beiden Augen, des Gehörs, der Sprache oder der Zeugungsfähigkeit, dauernde erhebliche Entstellung, Siechtum, Lähmung, Geisteskrankheit.

während alle übrigen Mißhandlungen, von den leichtesten bis zu den schwersten nur auf Antrag verfolgt werden konnten. Man hatte die Erfahrung gemacht, daß häufig die Strafanträge teils aus Furcht vor der Rache des Thäters, teils infolge von Bestechung nicht gestellt wurden, daß infolgedessen der Thäter seiner Strafe entging, und die Zahl derartiger Vergehen sich vermehrte. Man wollte deshalb die schwereren, auf Roheit zurückzuführenden Körperverletzungen herausgreifen und bei ihnen das Antragserfordernis beseitigen, um desto wirksamer die Verfolgung betreiben und der zunehmenden Roheit steuern zu können. Als in den meisten Fällen auf Roheit beruhend sah man es an, wenn der Thäter sich einer Waffe, insbesondere eines Messers oder eines andern gefährlichen Werkzeugs bedient, oder wenn er die Körperverletzung mittels eines hinterlistigen Überfalls oder in Gemeinschaft mit anderen oder mit einer das Leben gefährdenden Behandlung begangen hatte. Es mag dahin gestellt sein, ob wirklich in allen diesen Fällen die Handlung einer besonders rohen Gesinnung des Thäters entspringt, es mag zugegeben werden, daß Roheit auch häufig die Ursache leichter Mißhandlungen ist, jedenfalls steht es außer Zweifel, daß der Staat gerade durch Beseitigung des Antragserfordernisses ein erhebliches Interesse an der Bestrafung dieser Delikte dokumentiert hat. Daraus folgt mit Notwendigkeit, daß diese Delikte der Privatklage nicht überlassen werden können. Es würde dann das Gegenteil von dem eintreten, was der Staat mit Einführung des § 223a beabsichtigte, nämlich eine noch größere Vernachlässigung der Anklage, als sie vorher stattgefunden hat.

c) Ebensowenig empfiehlt es sich, den gemeinschaftlich begangenen Hausfriedensbruch der Privatklage zu überlassen. Kronecker[1]) ist dafür, weil gemeinschaftlicher Hausfriedensbruch am häufigsten in der Weise begangen werde, daß zwei Personen das Mißfallen des Wirts erregen und sich auf dessen Aufforderung nicht sofort entfernen, oder daß ein Gläubiger mit einem von ihm als Zeugen mitgebrachten Dritten seinen Schuldner an Zahlung mahnt und dessen Befehl, die Wohnung zu verlassen, nicht nachkommt. Es ist zuzugeben, daß diese Fälle das öffentliche Interesse nur wenig berühren. Es ist aber zu entgegnen, daß die Mehrzahl der Ver-

[1]) Kronecker a. a. O. S. 281.

letzungen des Hausfriedens schwererer Art ist. Es dringt z. B. der Hauswirt mit einem oder mehreren anderen in Abwesenheit und gegen den Willen seines Mieters, der mit Zahlung des Mietzinses im Rückstande und deshalb nach dem Mietvertrage zur Räumung verpflichtet ist, in dessen Wohnung ein und räumt dessen sämtliches Mobiliar aus, um dem neuen Mieter die Wohnung zur Verfügung zu stellen. Oder es erregen die Wirtshausgäste nicht nur das Mißfallen des Wirts, sondern auch das der sämtlichen anderen Anwesenden, oder es dringen zudringliche Bettler in die Wohnung ein. In allen diesen Fällen, denen sich noch eine Reihe ähnlicher beifügen ließe, ist die öffentliche Ordnung und Sicherheit so erheblich gefährdet, daß der Staat die Bestrafung des Thäters nicht von dem Ermessen des Verletzten abhängig machen kann. Die Privatklage ist nur da angängig, wo die überwiegende Mehrzahl der Fälle eine Verfolgung von Amts wegen nicht erheischt.

Aus demselben Grunde kann bei der qualifizierten Sachbeschädigung der §§ 304, 305 Str.G.B. von Privatklage keine Rede sein.

d) Auch der Mißbrauch von Privatgeheimnissen durch Rechtsanwälte, Notare, Ärzte 2c. (§ 300 deutsch. Str.G.B.) kann nicht der Privatklage überlassen werden.[1]) Hier hat der Staat ein großes Interesse daran, daß das Vertrauen zu den genannten Personen im Volke nicht erschüttert wird, und der Strafantrag, von dem in Deutschland die Verfolgung dieses Deliktes abhängt, soll unseres Erachtens auch hier dem Verletzten nur die Möglichkeit geben, die Bestrafung im einzelnen Falle zu verhindern.

Das Gleiche ist von der Ausbeutung Minderjähriger zu sagen;[2]) denn der Schutz der Minderjährigen liegt zweifellos im öffentlichen Interesse, und hier die Verfolgung dem Verletzten überlassen, hieße den Wucher privilegieren.

Der Versuch des Hoch- und Landesverrates gegen fremde Staaten, die Beleidigung fremder Souveräne und deren Gesandten,[3]) können aus politischen Gründen nicht der Privatklage überlassen werden.

---

[1]) Schmidt a. a. O. S. 60 und Stenglein, Gutachten, wollen hier die Privatklage zulassen.

[2]) §§ 301, 302 Str.G.B. Privatklage wird hier von Stenglein empfohlen.

[3]) §§ 102, 103, 104 Str.G.B.

e) Unbrauchbar für die Privatklage sind ferner die geringfügigen sogen. Polizeidelikte, die Übertretungen des deutschen Strafgesetzbuches. Wenn hier das Interesse des Staates an der Bestrafung des Thäters nicht groß ist, so ist das des Verletzten, wenn ein solcher überhaupt vorhanden ist, noch geringer. Wollte man hier die Privatklage einführen, so würde man befürchten müssen, daß die Verfolgung überhaupt nicht betrieben wird, und die Strafbestimmungen illusorisch werden.

Dagegen ist die Einführung der prinzipalen Privatklage unbedenklich bei Beleidigungen, leichten und fahrlässigen Körperverletzungen, einfachem Hausfriedensbruch, einfacher Sachbeschädigung, Verletzung des Briefgeheimnisses, Vereitelung der Zwangsvollstreckung und Wegnahme aus fremdem Gewahrsam.[1]) Diese Delikte sind in den meisten Staaten nur auf Antrag des Verletzten verfolgbar, und bei ihnen hat das Antragserfordernis allerdings die Bedeutung, daß der Staat sein Interesse geringer schätzt, als das des Privaten und deshalb auf die Bestrafung des Thäters verzichten zu können glaubt, wenn der Private von ihr absehen will. Es kommen in der That hier überall Handlungen in Frage, die den einzelnen zwar erheblich verletzen können, deren Bestrafung aber, von Ausnahmefällen abgesehen, für den Staat nur von geringem Interesse ist. Die öffentliche Ordnung und das allgemeine Rechtsgefühl werden kaum berührt werden, wenn einer den andern beschimpft oder in leichter Weise mißhandelt, wenn jemand gegen den Willen des andern dessen Wohnung betritt oder sie auf sein Gebot nicht sofort verläßt, wenn einer die Sachen des andern beschädigt oder zerstört, wenn ein Privatbrief erbrochen und gelesen wird, wenn der Gläubiger durch Beiseiteschaffen von Vermögensstücken geschädigt oder wenn dem Gebrauchsberechtigten die Sache vom Eigentümer widerrechtlich entzogen wird.

Dasselbe gilt bei den nur auf Antrag verfolgbaren Vergehen gegen das Patentgesetz, die Urheberrechtsgesetze und die Gesetze zum Schutze der Muster und Warenzeichen und zur Bekämpfung des unlauteren Wettbewerbes.[2]) Man kann zwar nicht zugeben, daß alle diese Delikte das Interesse des Staates nur in geringem Maße berühren. Vielmehr muß dem Staate viel daran gelegen

---

[1]) §§ 185, 186, 187, 189, 223, 230, 123 Abs. 1, 303, 299, 288, 289 Str.G.B.

[2]) Zu vergl. die Citate der Gesetzesstellen unter Deutschland.

sein, daß ebenso wie das materielle, so auch das geistige Eigentum seiner Unterthanen geschützt, daß Handel und Gewerbe gesichert, der geschäftliche Verkehr geordnet und das Publikum sowie der Gewerbetreibende vor Schaden durch unlautere Machinationen bewahrt werde. Indessen ist bei all diesen Delikten das Interesse des Verletzten an der Bestrafung des Thäters noch größer als das des Staates. Deshalb braucht man nicht zu befürchten, daß die Verfolgung unterbleiben würde, wenn man sie dem Verletzten überließe. Dieser wird sie vielmehr mit um so größerem Eifer betreiben, je mehr er sich in seinen geschäftlichen Interessen beeinträchtigt glaubt. Dazu kommt, daß wenigstens in Deutschland man häufig die Erfahrung machen kann, daß die Staatsanwaltschaft nur ungern solche Delikte verfolgt, weil sie mit Unterschätzung des staatlichen Interesses glaubt, damit nur privaten Interessen zu dienen. Überläßt man diese Delikte der Privatklage, giebt man dem Verletzten die Möglichkeit, selbst die Verfolgung zu betreiben und alle Hebel in Bewegung zu setzen, um die Bestrafung des Schuldigen herbeizuführen, so beseitigt man eine Quelle des Mißtrauens gegen die Staatsanwaltschaft und thut sowohl dieser als dem Verletzten einen Gefallen. In richtiger Erkenntnis dieser Umstände hat das neueste deutsche Gesetz auf diesem Gebiete, das Gesetz zur Bekämpfung des unlauteren Wettbewerbs vom 27. Mai 1896, dem Verletzten die Privatklage in weitem Umfange gewährt. Die Erfahrungen, die man damit gemacht hat, sind durchaus befriedigend.

Wie erwähnt, muß bei allen der prinzipalen Privatklage überlassenen Fällen der Staatsanwaltschaft das Recht gewahrt werden, selbst die Verfolgung in die Hand zu nehmen, wenn ihr dies im öffentlichen Interesse geboten erscheint. Die notwendige Folge davon ist, daß überall das Antragserfordernis als überflüssig beseitigt werden muß. Sonst könnte — wie es in Deutschland noch heute der Fall ist — die Staatsanwaltschaft in die unangenehme Lage kommen, von Einleitung der Verfolgung im öffentlichen Interesse deswegen absehen zu müssen, weil der Verletzte den Strafantrag nicht gestellt hat.

5. Bei den vorstehenden Erörterungen über den der Privatklage zu gebenden Umfang hat man von allgemeinen Gesichtspunkten ausgehen können, weil man voraussetzen darf, daß bei den modernen Kulturvölkern das Gefühl, welches Delikt nur in geringem Maße das staatliche und in sehr erheblichem das private Interesse ver-

letzt, im wesentlichen das gleiche ist. Anders steht es bei der Beantwortung der Frage, welche prozessuale Gestaltung dem Privatklageverfahren zu geben sei. Das Privatklageverfahren ist ebenso ein Strafverfahren wie das Offizialverfahren und muß deshalb so viel wie möglich mit den über dieses getroffenen gesetzlichen Bestimmungen in Einklang gebracht werden. Die Strafprozeßordnungen der modernen Kulturstaaten sind zwar in den Grundzügen einander ähnlich, weichen aber im einzelnen ganz erheblich von einander ab. Deshalb lassen sich detaillierte prozessuale Bestimmungen über das Privatklageverfahren, die für alle Staaten in gleicher Weise empfehlenswert sind, nicht geben. Vielmehr hat man sich darauf zu beschränken, allgemeine Grundzüge für die prozessuale Gestaltung der Privatklage aufzustellen, deren Angliederung an seine Strafprozeßordnung jedem einzelnen Staate überlassen bleiben muß.

a) Was die Zuständigkeit des Gerichtes betrifft, so ist es im allgemeinen empfehlenswert, die der prinzipalen Privatklage überlassenen Delikte den niedern Gerichten zur Aburteilung zu überlassen. Insbesondere haben sich in Deutschland die Schöffengerichte, die über Beleidigungen nnd Körperletzungen, soweit diese durch Privatklage verfolgt werden, zu urteilen haben, sehr bewährt. Einerseits würde der juristische Apparat der landgerichtlichen Strafkammer, die in der Hauptverhandlung erster Instanz mit 5 Richtern besetzt sein muß, in keinem Verhältnis zu dem geringen Interesse stehen, das der Staat an der Bestrafung dieser Delikte hat. Andererseits kann der Laienrichter, der in stetem Zusammenhang mit dem Volke steht, gerade diese Delikte, bei deren Beurteilung es besonders auf die Empfindungen und Anschauungen derer ankommt, gegen die und von denen sie verübt sind, manchmal besser beurteilen, als der den Kreisen der Parteien ferner stehende Richter. Jedenfalls sollte seine Meinung dem Amtsrichter immer von Wert sein. Dies trifft nicht nur bei Beleidigungen und leichten Körperverletzungen, sondern auch bei den Vergehen des einfachen Hausfriedensbruchs, der Verletzung des Briefgeheimnisses, der einfachen Sachbeschädigung, der Vereitelung der Zwangsvollstreckung und der Wegnahme aus fremdem Gewahrsam zu, von denen die ersten beiden Delikte in allen Fällen, die Sachbeschädigung dann, wenn der Wert der beschädigten Sache 25 Mk. nicht übersteigt, so wie so schon vor die Schöffengerichte gehören.

Anders verhält es sich bei den Vergehen gegen die Gesetze zum Schutze des geistigen und gewerblichen Eigentums[1]) und zur Bekämpfung des unlauteren Wettbewerbes. Hier empfiehlt es sich nicht, Laien als Richter zuzulassen. Zunächst hat bei diesen Delikten, wie oben angeführt, der Staat ein erhebliches Interesse an der Bestrafung des Thäters; es steht sonach nichts im Wege, daß ein mit Juristen besetztes Kollegialgericht das Urteil fällt. Sodann aber ist zu befürchten, daß bei diesen Delikten dem Laien häufig die für einen Richter unerläßliche Unbefangenheit fehlen wird. Der Schöffe ist meistens selber Fabrikant, Kaufmann oder Gewerbetreibender und wird deshalb, zumal hier gewöhnlich Handlungen in Frage kommen, die den geschäftlichen Verkehr betreffen, entweder direkt oder indirekt interessiert oder nach der einen oder anderen Seite voreingenommen sein. Außerdem ist der Thatbestand dieser Delikte viel zu kompliziert, als daß seine Beurteilung einem mit dem Gesetze nicht vollkommen vertrauten Richter überlassen werden kann.

b) Die Vorschrift der deutschen Strafprozeßordnung, daß bei Beleidigungen vor Erhebung der Privatklage ein Sühneversuch vor einer Vergleichsbehörde stattfinden muß, hat sich bewährt und zur Vermeidung der Privatklage beigetragen. Es empfiehlt sich, diese Bestimmung auf leichte Körperverletzung, Hausfriedensbruch und Sachbeschädigung auszudehnen, weil man auch bei diesen Delikten erwarten darf, daß eine Versöhnung zwischen dem Thäter und dem Verletzten sich oft wird erzielen lassen.

c) Infolge der Beseitigung des Antragserfordernisses ist es notwendig, bei jedem einzelnen der Privatklage überlassenen Delikt nach dem Vermerk, daß die öffentliche Klage nur bei Vorhandensein eines öffentlichen Interesses erhoben werde, diejenigen genau zu bezeichnen, denen neben dem Verletzten das Recht zusteht, selbständig Privatklage zu erheben: Ehemann bei Beleidigung der Ehefrau, vorgesetzte Behörde bei Beleidigung eines Beamten 2c. Ferner müssen die Vorschriften über die dreimonatige Antragsfrist und ihre Unterbrechung auf die Privatklage ausgedehnt werden. Während diese Bestimmungen im Strafgesetzbuch ihren Platz zu finden haben, würde die Strafprozeßordnung die Prozeßfähigkeit des Privatklageberechtigten zu regeln haben. Es empfiehlt sich

---

[1]) Urheberrechts-, Muster- und Warenzeichenschutzgesetze.

hier die Vorschrift der deutschen St.P.O. § 414 Abs. 3 beizubehalten, wonach an Stelle des Verletzten dessen gesetzlicher Vertreter und bei Personenvereinen, Gesellschaften &c. diejenigen die Privatklage zu erheben haben, die bei vermögensrechtlichen Streitigkeiten als ihre Vertreter zu gelten haben.

d) Die Erhebung der Klage kann bei den zur Zugehörigkeit der Schöffengerichte gehörigen Sachen unbedenklich direkt durch Einreichung der Anklageschrift oder durch mündliche Erklärung zu Protokoll des Gerichtsschreibers geschehen. Die Befugnis, vor Erhebung der Klage bei diesen Delikten zur Aufklärung des Sachverhalts Vorerörterungen durch die Polizeibehörde oder eine Voruntersuchung durch das Gericht zu beantragen, ist dem Privatkläger nicht zuzugestehen, da hier der Sachverhalt meist einfach zu sein pflegt, jede unnötige Belastung des Verfahrens zu vermeiden ist und eine solche Befugnis leicht mißbraucht werden kann. Dagegen muß dem Amtsrichter das Recht vorbehalten bleiben, von sich aus Vorermittelungen anzustellen, wenn ihm die in der Privatklage angeführten Beweismittel zur Überführung des Beschuldigten nicht auszureichen scheinen oder er aus einem anderen Grunde die Privatklage für aussichtslos hält.

Bei den landgerichtlichen Sachen muß jedoch dem Verletzten gestattet werden, vor Einreichung der Privatklage bei Gericht die Einleitung einer Voruntersuchung zu beantragen. Hier handelt es sich zumeist um Delikte, deren Thatbestand kompliziert ist, bei denen es zur Sammlung der Schuldbeweise der Verhörung von Zeugen, der Haussuchung, der Beschlagnahme oder der Verhaftung des Beschuldigten bedarf. So wird beispielsweise bei Vergehen gegen das Musterschutz- oder Warenzeichengesetz eine Überführung des Schuldigen häufig nur durch eine plötzliche, umfassende Haussuchung möglich sein. Dem Privatkläger das Recht zu verweigern, eine gerichtliche Voruntersuchung herbeizuführen, wäre hier in der Mehrzahl der Fälle gleichbedeutend mit Vereitelung seines Klagerechts. Das Verfahren nach Beendigung der Voruntersuchung würde nach dem Vorbilde der österreichischen und ungarischen Strafprozeßordnung zu regeln sein: Anzeige an den Verletzten, daß die Voruntersuchung beendet ist, Stellung einer Präklusivfrist für Einreichung der Anklage &c. Da die Anklage eine Zusammenfassung und rechtliche Beurteilung der Ergebnisse der Voruntersuchung enthalten muß, empfiehlt es sich, bei diesen Delikten den Anwaltszwang einzuführen. Es ist dies um so weniger bedenklich, als es sich hier ausschließlich um Vermögensdelikte handelt, und in Civilsachen, die zur Zuständigkeit der Landgerichte gehören, der Anwaltszwang ja ebenfalls eingeführt ist und noch niemals Anstoß erregt hat.

e) Im übrigen erscheinen die Bestimmungen der deutschen Strafprozeßordnung über das Privatklageverfahren, die im wesentlichen mit denen der österreichischen und ungarischen Strafprozeßordnung übereinstimmen, als ausreichend und zweckmäßig. So insbesondere die Maßregeln gegen den Mißbrauch der Privatklage, wie Kautions- und Vorschußpflicht des Privatklägers und Belastung desselben mit den Kosten des Verfahrens, wenn er unterliegt; ferner die Vorschriften, welche die Befugnisse des Privatklägers in der Hauptverhandlung, die Folgen von Versäumnissen des Privatklägers, die Beteiligung der Staatsanwaltschaft am Verfahren, den Einfluß des Todes des Privatklägers auf das Verfahren und die dem Privatkläger zustehenden Rechtsmittel betreffen. Auch muß dem Gericht, anders wie in Österreich, die Befugnis zustehen, zur besseren Aufklärung des Sachverhalts das persönliche Erscheinen des Privatklägers anzuordnen, um dessen Konfrontierung mit dem Angeklagten herbeizuführen.

Dagegen empfiehlt es sich, wie in Österreich, die Vernehmung des Privatklägers als Zeugen zuzulassen. Es ist nicht richtig, wenn man dagegen anführt, daß sich im Privatklageverfahren, gerade so wie im Civilprozeß, zwei Parteien gegenüberstehen, deren Aussagen für den Richter gleich viel oder gleich wenig bedeuten, weil die einander widerstreitenden Interessen — hier Verurteilung des Beklagten, dort Abweisung des Klägers — einander gleich sind. Das Privatklageverfahren ist ein Strafverfahren, dessen Zweck es ist, die Bestrafung des Schuldigen herbeizuführen, weil er dem Strafgesetz zuwider gehandelt hat. Der Privatkläger ist nur aushülfsweise statt des Staates der Ankläger, weil der Staat wegen des großen Interesses, das der Privatkläger an der Bestrafung des Thäters hat, annehmen kann, der Privatkläger werde für die Verfolgung hinreichend Sorge tragen. Wenn der Staat, wie es dem Prinzipe entsprechend wäre, die Verfolgung selbst betriebe, würde der Verletzte selbstverständlich als Zeuge abgehört werden können. Es wäre unbillig, wenn man ihm nicht nur die Last der Verfolgung aufbürden, sondern auch noch ein wesentliches Mittel zur Überführung des Schuldigen nehmen wollte. Es kommt öfters vor, wie auch

Kronecker bezeugt, daß die Staatsanwaltschaft, um diese Härte auszugleichen und die Vernehmung des Privatklägers als Zeugen zu ermöglichen, dann die Strafverfolgung im öffentlichen Interesse übernimmt, wenn der Privatkläger einen Zeugen nicht beibringen kann. Wenn die Staatsanwaltschaft dies aber nicht thut, wird es dem Privatkläger in vielen Fällen unmöglich sein, den Beweis für die Schuld des Thäters zu erbringen. Inwiefern dem Zeugnis des Privatklägers Glauben beizumessen sei, ist natürlich quaestio facti. Im allgemeinen wird man aber dem Privatkläger ebenso viel Glauben beimessen können, als z. B. dem Bestohlenen oder dem Beraubten. Inkonsequenterweise läßt übrigens die deutsche Strafprozeßordnung die Vernehmung des Nebenklägers als Zeugen zu, während sie die des Privatklägers verbietet.

Eine weitere Härte der deutschen Strafprozeßordnung liegt in der Bestimmung, daß dem Privatkläger stets dann die Kosten des Verfahrens zur Last fallen, wenn das Verfahren eingestellt wird (§ 503 Abs. 2). Die Folge davon ist, daß die Erben des verstorbenen Privatklägers, wenn infolge des Todes desselben nach § 433 Abs. 1 das Verfahren eingestellt worden ist und sie nicht gemäß § 433 Abs. 2 in der Lage sind, das Verfahren fortzusetzen, nicht nur die Gerichtskosten, sondern auch die dem Beschuldigten erwachsenen Auslagen bezahlen müssen, selbst wenn die Schuld desselben evident ist. In solchen Fällen müßte dem Erben das Recht zustehen, das Verfahren der Kosten wegen fortzusetzen.

Wenn wir zum Schlusse die vorstehenden Erörterungen resümieren, so kommen wir zu folgendem Resultat:

Die Privatklage kann nur als prinzipale, nie als subsidiäre zugelassen werden.

Der Umfang der prinzipalen Privatklage darf nur ein beschränkter sein.

Neben ihr muß das Beschwerderecht gegen die ablehnenden Beschlüsse der Staatsanwaltschaft in weitem Umfange bestehen.

Die prozessuale Gestaltung, welche sie in Deutschland erfahren hat, ist mit den angegebenen Erweiterungen und Abänderungen, beizubehalten.

Unter diesen Voraussetzungen wird unseres Erachtens die Privatklage am besten geeignet sein, in gleicher Weise den Interessen des Staates wie denen des Staatsbürgers zu dienen.

Druck von Herrosé & Ziemsen in Wittenberg.

Kolibri 360 GmbH
Ferdinand-Jühlke-Straße 7
99095 Erfurt, Deutschland
produktsicherheit@kolibri360.de